복 있는 사람은

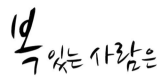

§ A BLESSED PERSON §

복 있는 사람은
악인들의 꾀를 따르지 아니하며
죄인들의 길에 서지 아니하며
오만한 자들의 자리에 앉지 아니하고
오직 여호와의 율법을 즐거워하여
그 율법을 주야로 묵상하는 자로다
그는 시냇가에 심은 나무가 철을 따라 열매를 맺으며
그 잎사귀가 마르지 아니함 같으니
그가 하는 모든 일이 다 형통하리로다

시1:1-3

초판 1쇄 인쇄 2011년 10월 18일
초판 1쇄 발행 2011년 11월 01일

지은이   음성 심준구
            그림 박종배
            저자 전신지

펴낸이   김옥수

기획   장동석
디자인   이선정 ǀ 디자인나눔
인쇄   대신인쇄 ǀ 02-2263-4261
용지   (주)푸른솔특수지 ǀ 02-2263-1345

펴낸곳   도서출판 디자인나눔
출판등록   제 313-2009-177호
주소   서울시 마포구 합정동 358-3 서정빌딩 4층
전화   02) 325-3264~5
팩스   02) 3143-3264
홈페이지   www. designnanoom.com

ⓒ전신지, 2011 ISBN 978-89-964391-6-5 03230

극동방송 참 좋은 내친구 생활묵상에세이집

복 있는 사람은

추천의 말

예수 그리스도 안에서 장애인들에게 꿈과 희망을 전하고 있는 〈참좋은 내친구〉
의 진행자 심준구님과 작가 전신지님이 그동안 프로그램에서 소개됐던 은혜롭고
감동적인 글을 모아 한 권의 책으로 펴냈습니다.

아무쪼록 독자들이 이 책을 펼쳐 읽으며 일상 가운데 흘러넘치는 하나님의 사랑을
발견할 수 있기를 원합니다. 그리고 그 사랑이 우리 사회의 힘겨운 이웃들에게 더
많이 전해질 수 있기를 기대합니다.

극동방송 이사장 김장환 목사

작가의 말

"안녕하세요? 〈참좋은 내친구〉 가족여러분, 심준굽니다."

이 멘트를 시작으로 여러분을 처음 찾아 뵌 게 엊그제 같은데 벌써 5년이 됐네요. 먼저 그 동안 따뜻한 관심과 격려를 보내주신 방송가족 여러분께 깊이 감사드립니다.

극동방송의 〈참좋은내친구〉는 장애인 등 우리 소외 이웃을 주 청취자로 하여 장애인과 비장애인이 함께하는 공익적인 프로그램입니다. 타이틀 '참좋은내친구'는 프로그램 자체가 애청자들의 '참 좋은 친구'라는 말이기도 하고, 예수님이 우리 인생 여정의 '참 좋은 친구'라는 의미이기도 하지요. 그래서 들으면 위로가 되고, 함께하면 은혜로운 방송이 되기 위해 날마다 정성을 다하고 있습니다.

그 동안 〈참좋은내친구〉 청취자 여러분과 나누었던 에세이의 일부를 골라 그림과 함께 싣고 그 중에서 30편을 추려 오디오북으로 함께 엮었습니다. 〈참좋은내친구〉 에세이는 작가님들께서 보내오신 글들을 방송용 멘트로 편집하여 오프닝과 클로징으로 방송합니다. 오디오북 역시 방송의 느낌을 적당히 살려서 방송 멘트와 유사하게 녹음 편집했습니다.

이 책이 보다 풍성한 삶을 꿈꾸시는 분들, 진정한 인생의 멘토를 찾는 분, 삶의 방향을 잠시 잃은 분, 실의에 빠진 분, 장애인, 병상의 환우들과 교회, 미션 스쿨 등의 방송실에도 좋은 선물이 되었으면 하는 바람입니다.

추천사를 직접 적어주신 극동방송 이사장 김장환 목사님과 존경하고 사랑하는 성문교회 김도태 목사님께 감사드립니다.

주옥 같은 글과 열정으로 이 귀한 일에 바탕을 놓으신 작가 전신지님, 아름다운 그림으로 함께하신 일러스트레이터 박종배님, 힘든 오디오 편집 작업을 기쁨으로 담당해 주신 이진형 감독님, 흔쾌히 배경음악에 도움을 주신 기타리스트 함춘호님, 피아니스트 박소영님, 녹음 과정에 영감을 주신 KBS 김영준 감독님, 극동방송 양현민 감독님, 아내와 사랑하는 딸 민서, 디자인 나눔의 장동석 사장님께도 깊이 감사드립니다.

이 책과 함께하는 모든 분들께 하나님의 은혜와 평강이 함께하시길 축복합니다.

음성 심준구

작가의 말

삶은 외로움의 연속입니다. 함께할 누군가가 꼭 필요합니다.

누가 봐도 성공한, '한국의 지성'으로 일컬음 받는 분이 "나는 한평생 실패한 인생을 살았다. 동행자가 없었기 때문이다. 내겐 경쟁자만 있었다." 라고 고백했습니다. 지금 그분은 큰딸을 통해 지성에서 영성으로 방향을 전환한 이후, 뒤늦게나마 인생의 "참좋은친구"를 만나 진정 "복있는사람"이 되었습니다.

이 시대는 친구가 많되 친구가 없는 시대입니다. 물신주의, 파편적 개인성, 소외, 경쟁, 쾌락, 이해타산 등으로 가득 찬 현대 사회는 피상적이고 가벼운 친구를 양산시킬 뿐, 진정한 친구를 잃어버리게 합니다. 고향, 학교, 일 등 여러 연고를 따라 친구는 다양하지만 내가 그들에게 어떤 형태로든지 도움이 되거나 최소한 부담이 되지 않아야 관계가 유지되는 것 같아요. 그런데 아무 조건 없이, 고민만 안겨 주어 짐이 되고, 비천하고 보잘것없고, 격이 한참이나 떨어져 도무지 상대가 되지 않는 내게 다가와 친구하자는 분이 있습니다. 심지어 내가 버림받고 외롭고 병들고 늙고 쓸모없어지고 상처입어 고통스러울 때 오히려 더 가까이 다가와 "너는 보배롭고 존귀하고 사랑스러워.", "너는 온 천하보다 귀해.", "나의 모든 즐거움이 너에게 있어.", "너는 나의 친구야."라고 속삭이십니다.

"친구 따라 강남 간다."라는 말이 있는데요. 저는 그 친구를 따라서 외롭지 않게 나그네길을 가다가 마침내 영원한 나라에까지 다다를 것입니다. 그는 위대하고 지혜롭고 진실하고 관대하며 친절하고 사랑스럽고 믿을 만하며 나를 안전하고 행복하게 해 주는 내 인생 여정의 길벗입니다.

그 친구를 소개해 드리려고 지난 1년 동안 극동방송에 보냈던 생활묵상에세이를 일부 추려 책으로 꾸몄습니다. 나의 반석이시요 나의 구속자이신 그분께 나의 입술의 모든 말과 나의 마음의 묵상이 열납되기를 원합니다. 나아가 항상 주님 곁에서 맑고 깊은 영성의 샘물을 길어 올리는 사람이 되기를 원합니다. 세상에서 주님과 끊임없이 대화하며 사는 삶보다 더 아름답고 복되고 즐거운 삶의 양태란 없기 때문입니다. 그것은 모든 것을 포함하고 능가하는 원천의 복입니다. 그의 앞에는 충만한 기쁨이 있고 그의 오른쪽에는 영원한 즐거움이 있습니다.

인간은 무엇인가를 늘 묵상하게 되어 있습니다. 그가 묵상하는 대상이 그의 가치관과 사람됨을 나타내 줍니다. 인간은 묵상하는 대상을 닮아가고, 묵상하는 대로 됩니다. 가수가 자신이 늘 부르는 노랫말대로 삶이 전개된다든지, 폭력영화를 많이 보면 폭력적이 된다는 연구결과도 있습니다. 그래서 오늘도 저는 주님을 닮고 싶고 주님의 음성을 듣고 싶어 그분에게 주파수를 맞추려고 영혼의 더듬이를 곤두세웁니다.

제목은 시편에서 따온 것으로, 늘 말씀을 묵상하는 사람이 가장 복 있는 사람이라는 의미를 담고 있습니다. 이 책이 독자들에게 다가갔을 때 '진정한 복'이 무엇인지를 한번쯤 진지하게 생각해 볼 수 있다면 저로서는 그 이상 바랄 것이 없겠습니다. 전통적 샤머니즘과 유교의 영향으로 인해 우리는 '이 땅에서 잘되는' 현세적 축복만이 복의 전부인 줄로 알기 쉽습니다. '복권'이란 말만 보아도 "복=돈"을 의미합니다. 그래서 이 시대를 '물신物神사회'라고 합니다. 하지만 분명히 우리는 속고 있는 것입니다. 기독교인도 여기에 속으면 기복교인이 됩니다.

이 책이 나오기까지 많은 분들의 도움을 입었습니다. 늘 풍성한 꼴로 양무리를 먹여주시는 세광교회 유창진 담임목사님의 설교와 고등부 김태석 목사님의 교사교육에 빚졌습니다. 은혁기 교구목사님이 도와주신 덕분에 글에 정확함과 온기가 덧입혀졌습니다. 그 외에 여러분들의 귀한 조언으로 어설프기 이를 데 없던 제 글이 이만큼이나마 꼴을 갖추게 되었으니 고마운 마음을 이루 다 표현하기 어렵습니다. 맑고 소박한 그림으로 제 글을 빛내주시고, 글이 전하는 의미 이상으로 풍성하게 해 주신 박종배님. 방송용 멘트로 바꿔 감미로운 음성으로 들려주신 심준구님. 묵상 책을 펴내게 되었다고 소년처럼 기뻐하시며 이렇게도 예쁘게 책을 꾸며주신 디자인나눔의 장동석 사장님께 감사드립니다. 이 모든 영광을 나를 나 되게 하신 주님께 돌려 드립니다.

글 전신지

차 례

추천의 말 04
작가의 말 05

PART 1
1-2월

새해 첫 달, 첫 마음	14
토끼의 승패	16
현명한 만카	18
경청	20
신호비용	22
나가수	24
지금이 제일 낫다	26
얼굴에 쓰여 있습니다	28
베어	30
생활습관병	32
스프링벅	34
송솔나무	36
윷놀이	38
염려클리닉	40
사회적 협력	42

PART 2
3-4월

꽃이 잎보다 먼저 피는 이유	46
가장 좋은 선물	48
민들레	50
나무를 심은 사람	52
나무가 우리에게 가르칩니다	54
사순절	56
고난주간 성금요일	58
4·19혁명	60
장애인의 날	62
긍정적 몸 인식	64
행복의 첫 단추	66
과학의 날	68
신뢰	70
사회적 지지	72
깨진 유리창 이론	74

PART 3

5-6월

가정의 달   78

결코 놓치지 말아야 할 것   80

엄마 신드롬   82

희망의 힘, 가족의 힘   84

심장이야기   86

신데렐라적 결혼   88

자서전 쓰기   90

스승의 날   92

체벌금지 역효과   94

주5일수업제   96

옛 친구   98

인생의 그림   100

타인의 의미   102

소통장애   104

악마의 덫   106

테러   108

PART 5
9-10월

사회복지의 날   146
백로   148
철도의 날   150
추석   152
추분   154
나비부인   156
세계 한인의 날   158
소망의 자기성취   160
재향군인의 날   162
한글날   164
체육의 날   166
경찰의 날   168
저축의 날   170
진정한 위로   172
그리스도의 대사   174
오프라 윈프리   176

PART 4
7-8월

수박   112
먼지와 모래   114
날씨   116
물   118
돌   120
바다   122
자연의 힘, 인공의 힘   124
소말리아 해적   126
일본 지진 재난   128
남한산성 다시보기   130
슈퍼박테리아   132
찬양의 힘   134
의식의 지도   136
기회비용   138
인셉션-내 삶의 주인   140
독재   142

PART 6

11-12월

단풍 드는 날   180

추수감사절   182

김장김치   184

거절도 은혜   186

사람에게는 얼마큼의
땅이 필요한가   188

한 가지 부족한 것   190

인구센서스   192

개구리 시야와 하나님의 시야   194

과정과 결과   196

구제역   198

눈과 물과 얼음   200

일만 시간의 법칙   202

마태복음 효과   204

인생에서 가장 사치스러운 계획   206

비록 냉혹한 현실에 처해 있다 해도 그게 다 삶에 필요한 '춘화과정'이라 생각하고,
희망의 꽃눈을 품은 채 묵묵히 어려움 잘 견뎌내고, 언젠가 때가 이르면
하나님 앞에 아름다운 꽃 다복다복 피워 올려 드렸으면 좋겠습니다.

1.2월

Jan - Feb

새해 첫 달, 첫 마음

토끼의 승패

현명한 만카

경청

신호비용

나가수

지금이 제일 낫다

얼굴에 쓰여 있습니다

베어

생활습관병

스프링벅

송솔나무

윷놀이

염려클리닉

사회적 협력

새해 첫 달, 첫 마음

새해의 첫 날, 복된 한 해를 허락받은 날입니다. 누구나 새것은 아끼고, 더럽히지 않고, 끝까지 잘 사용하고 싶은 마음이 있을 텐데요. 새해도 마찬가지겠죠? 그런데 새해가 진정 새해답게 되려면 맨 먼저 무엇부터 하는 게 좋을까요?

유다 왕 히스기야는 즉위 후 첫째 달 첫째 날에 대대적인 성전정화를 하는 것으로 왕의 업무를 시작합니다. 25세의 젊은 나이에 왕이 되자마자 해 보고 싶은 일도 무척 많았을 텐데요. 왕으로서 백성들이 하나님의 축복을 받을 수 있도록 먼저 그들의 신앙을 회복시키기로 결심하고 종교개혁을 단행하다니, 하나님 보시기에 얼마나 기특했을까요. 우리도 히스기야처럼 심령의 성전을 보수하고 내면의 오물과 찌끼들을 내다버리는 참된 회개로써 새 출발을 하면 좋겠습니다.

새해 첫 달, 영어로 1월을 가리키는 'January'는 라틴어 '야누아리우스'에서 온 말로 '야누스의 달'이라는 뜻입니다. 야누스는 로마인들에게 시공간의 문을 지켜주는 수호신인데 문의 안팎을 다 지켜야 하기 때문에 얼굴이 머리 앞뒤쪽으로 붙어 있는 양면신의 형상을 하고 있습니다. 미래를 알 수 없는 사람에게는 과거가 유일한 척도이기에 우리도 야누스처럼 뒷눈으로는 과거를, 앞눈으로는 미래를 동시에 보라는 뜻에서 그렇게 이름 붙인 것입니다. 지금 우리는 과거와 미래의 경계선상에 서 있습니다. 과거에서 교훈을 얻되 전진에 장애가 되는 것들을 깨끗이 떨쳐내고 미래지향적인 눈을 가져야 하겠죠. 절망의 과거를 닫고 희망의 미래를 여는 것, 죄의 과거를 닫고 성결의 내일을 여는 것은 우리의 몫이니까요.

미지의 날들은 설렘과 기대, 한편으로 두려움과 불안을 동반합니다. 그런 우리들에게 야누스의 눈을 넘어서 또 다른 눈이 있다는 것은 얼마나 큰 위안이 되는지 모릅니다. 히스기야가 현재의 영광에 만족하지 않고 더 값진 것을 붙잡았던 그 눈, 아브라함이 롯을 떠나보낸 후 황무지에서 약속을 보고 좇았던 그 눈입니다. 절망에서 희망을, 고통에서 복을, 어두움에서 빛을 찾아내며, 환경보다 인간의 삶을 주관하시는 전능자를 바라보는 눈, 단순한 과거의 반성과 보완을 넘어서 새로운 것을 창조하는 기적의 눈입니다.

실패의 두려움에서 찾아오는 거부감으로 "새해 계획 세우면 뭘 해." 이렇게 생각하고 미리 방어막을 놓는 분은 안 계신지요? 새해 계획도 싫고 의욕도 없는 것을 '새해증후군'이라고 합니다. 하지만 미 펜실바니아 스크랜턴 대학의 노크로스라는 심리학자에 따르면, 새로운 결심을 하는 사람이 그렇지 않은 사람에 비해 10배 정도 더 바라는 바를 얻을 수 있다고 합니다. 우리는 종종 첫 마음을 잃어버려서 문제인데요. 정채봉의 〈첫 마음〉이라는 시 들으시면서 첫 마음의 중요성을 되새겨 보시면 좋겠습니다.

1월 1일 아침에 찬물로 세수하면서 먹은
첫 마음으로 1년을 산다면, 학교에 입학하여
새 책을 앞에 놓고 하루 일과표를 짜던
영롱한 첫 마음으로 공부한다면, 사랑하는 사이가
처음 눈을 맞던 날의 떨림으로 계속된다면,
첫 출근하는 날, 신발 끈을 매면서 먹은 마음으로
직장 일을 한다면, 아팠다가 병이 나은 날의
상쾌한 공기 속의 감사한 마음으로 몸을
돌본다면, 개업 날의 첫 마음으로 손님을
언제고 돈이 적으나 밤이 늦으나 기쁨으로
맞는다면, 세례성사를 받던 날의 빈 마음으로
눈물을 글썽이며 교회에 다닌다면
…… ……

토끼의 승패

2011년은 토끼해입니다. 정확히 말하자면 음력 설날이 지나야 신묘년이 시작되는데요. 묘는 십이지의 동물 중에서 토끼에 해당됩니다. 예부터 토끼는 꾀돌이로 인식되어 왔습니다. 얼마 전 독일 연출가에 의해 오페라로 공연되기도 한 우리 판소리 〈수궁가〉나 고전소설 〈토끼전〉에는 이 토끼가 주인공으로 등장합니다.

토끼는 서민을 상징합니다. 예나 지금이나 서민은 그저 배불리 먹고사는 소박한 소원뿐이죠. 그래서 호의호식하게 해 준다는 자라의 꼬임에 쉽게 넘어간 토끼는 병든 용왕에게 간을 빼앗길 뻔했지만 뛰어난 기지를 발휘해 도리어 그들을 조롱하고 살아 돌아옵니다. 현실적으로는 서민들은 사회적 불만을 달리 표출할 방도가 없었기에 이야기 속에서나마 마음껏 부패한 지배층을 풍자하고 토끼가 이기도록 스토리를 전개한 것이죠.

여기서 토끼가 통쾌하게 이길 수 있었던 비결은 상대인 지배층이 무능하기 때문이기도 하고요. 헛된 욕심으로 인해 자초한 위기상황에서도 침착하게 기지를 발휘했기 때문입니다.

반면 〈토끼와 거북이〉라는 이솝우화에서는 토끼가 지는 걸로 이야기가 전개됩니다.

옛날에 토끼와 거북이가 살고 있었는데, 어느 날 토끼가 거북이를 느림보라고 놀려대자 거북이가 경주를 제안합니다. 발 빠른 토끼는 거북이가 한참 뒤진 것을 보고는 중간에 낮잠을 자요. 잠에서 문득 깬 토끼는 거북이가 어느새 경주를 마쳤다는 사실을 깨닫게 됩니다.

여기서 경주는 인생을, 토끼는 게으른 인간, 거북이는 성실한 인간을 비유합니다. "천천히 그리고 꾸준히 노력하는 자가 승리한다." 라는 교훈을 주는 이 우화에서 우리는 또 다른 교훈을 얻을 수 있습니다. 예상 밖의 결과가 나온 이유가 뭘까요? 첫째, 목표 설정이 잘못되었기 때문입니다. 거북이는 결승점을 목표로 삼았지만 토끼는 거북이만 앞지르면 된다고 생각했거든요. 토끼처럼 목표를 상대방에게 두면 자칫 실패할 수 있어요. 둘째, 토끼가 자만했기 때문입니다. 튼튼한 다리 힘과 재빠른 몸놀림으로 거북이를 너끈히 압도할 수 있을 것이라 생각하고 승리를 장담했던 토끼의 자만함이 오히려 경주의 실패요인이 되었습니다. 차라리 토끼의 다리가 짧거나 몸이 튼튼하지 못했다면 그 경주에서 이겼을지도 모릅니다. 그러고 보면 우리에게 있는 장점이 마냥 좋다고만은 할 수 없을 것 같네요.

우리는 토끼의 성공과 실패를 통해 어떤 목표를 세우고 어떤 가치를 추구하면서 살아야 할지를 배우게 됩니다. 목표설정을 바르게 하고, 겸손히 자기 자신을 내려놓으며 장점은 살리고 약점은 보완하는 지혜롭고 성실한 한 해가 되기를 기원해 봅니다.

> "너희 중에 누구든지 지혜가 부족하거든 모든 사람에게 후히 주시고
> 꾸짖지 아니하시는 하나님께 구하라 그리하면 주시리라 야고보서 1:5"

> "교만은 패망의 선봉이요 거만한 마음은 넘어짐의 앞잡이니라 잠언 16:18"

현명한 만카

체코 민담에 '현명한 만카' 이야기가 있습니다. 만카라는 지혜로운 여인이 어려운 문제를 해결하고 결국 행복한 삶을 누리게 된다는 내용인데요.

탐욕스러운 농부에게 품삯으로 받기로 한 암소를 받지 못했던 양치기가 농부와 함께 시장을 찾아가 재판을 청하였습니다. 시장은 수수께끼를 맞히는 사람에게 암소를 주겠다는 판결을 내립니다. 양치기는 현명한 딸 만카의 도움으로 수수께끼를 맞혀 재판에서 이깁니다. 양치기가 이긴 것이 만카의 지혜 때문임을 알게 된 시장은 만카의 지혜를 또 한 번 시험한 후, 그녀의 현명함과 외모에 반해 결혼하게 됩니다. 단 자기의 재판에 간섭하면 친정으로 쫓겨난다는 조건을 달았죠. 시장은 매우 권위적인 사람이었거든요.
하루는 만카가 시장의 잘못된 판결로 억울하게 노새를 빼앗긴 사람을 도와 시장 몰래 노새를 되찾게 해 주었습니다. 얼마 후 비밀이 탄로 나 만카는 시장의 판결에 끼어들었다는 이유로 그만 집에서 쫓겨나게 됩니다. 만카는 집에서 가장 좋아하는 것 하나만 가지고 집을 나가라는 시장의 말을 듣고는 마지막으로 저녁식사를 대접하고 싶다면서 식사 시간에 시장에게 이별주를 잔뜩 마시게 합니다. 이윽고 만카는 술에 취한 시장을 마차에 태워 집으로 돌아갑니다. 잠에서 깬 시장이 놀라 연유를 묻자 만카가 대답합니다. "제게 가장 귀한 것은 당신이거든요." 만카의 지혜에 감동받은 시장은 만카와 화해하고, 이후 어려운 문제가 생길 때마다 만카와 의논하게 되었답니다.

만카 이야기는 민담입니다. 서민들이 지은 것이니 당연히 서민의 의중이 반영되었겠죠. 이 이야기에서 시장은 지배층을, 만카는 서민을 상징합니다. 만카의 손을 들어준 결말은 지혜로운 민중이 어리석은 지배층보다는 낫다는 것을 의미합니다. 권위적이고 독선적인 지배층과 관리들이 변화하여 지혜로운 민중의 이야기를 받아들이고 공정하고 훌륭한 정치를 펼쳐주기를 바랐던 것이죠.

또 시장과 결혼한 만카를 통해 평범한 민중의 신분상승 욕구를 표출한 것으로도 해석합니다.

이 이야기를 들으면서 저는 만카의 지혜에 탄복했습니다. 만카는 무엇이 가장 주된 것이고 무엇이 부차적인 것인지를 잘 알았던 참으로 지혜로운 여인이었습니다. 그녀는 원천적인 복이 무엇인지를 알아 그 하나를 소유함으로 전부를 소유하게 되었습니다. 만약 여러분이 만카라면 무엇을 챙겨 들고 나가시겠어요? 자식? 저금통장? 부동산 문서? 남편에게 받았던 선물? 추억의 앨범? 보석? 옷? 외제차? …… 다 필요한 것들이지요마는 과연 그러한 것들이 우리의 행복을 끝까지 보장해 줄 수 있을까요?

우리에게 모든 것을 다 포함하는 가장 귀한 것은 바로 주님입니다. 모든 것이 그분에게서 나오고 그분에게로 돌아가니 결국 모든 것이 다 그 안에 있습니다. 사실 우리가 원하는 것들은 그것 없으면 못살 것 같고 대단히 중요한 것 같아도 따지고 보면 다 포장지 같고 부스러기 같은 부산물들일 뿐입니다. 우리는 만카만큼 지혜롭지 못해서 늘 부스러기 같은 것을 좇으며 이것도 바라고 저것도 바라지만 그분이 어떤 분인지만 제대로 안다면 우리는 주님 한 분만 소유한 것으로 진정 만족할 수 있을 것입니다.

"부와 귀가 주께로 말미암고 또 주는 만물의 주재가 되사 손에 권세와 능력이 있사오니 모든 사람을 크게 하심과 강하게 하심이 주의 손에 있나이다 역대상29:11"

경청

한 심리학 교수가 강의를 재미없게 하기로 정평이 나 있는 인류학 교수의 수업시간을 대상으로 경청에 관한 실험을 했는데요. 실험대상이 된 교수에게는 철저히 비밀로 하고 수강생들에게만 몇 가지 주의사항을 전달했다고 합니다. 주의를 집중하면서 열심히 들을 것, 얼굴에는 약간 미소를 띠면서 눈을 반짝이며 고개를 끄덕이거나 간간이 질문도 하면서 강의가 재미있다는 반응을 겉으로 드러낼 것.

실험 결과, 그 교수는 드디어 줄줄 읽어나가던 강의노트에서 눈을 떼고 학생들과 시선을 마주치기 시작했고 가끔 유머 섞인 농담을 던지기도 하더니 학기말 즈음엔 가장 열강하는 교수로 변모했다네요. 단순히 재미삼아 강의를 잘 듣는 척하던 학생들도 이 과정을 통해서 정말로 강의를 흥미롭게 듣게 되었고, 아예 전공을 인류학으로 바꾸기로 결심한 학생도 나왔다는군요. 정말 경청의 힘은 대단하지요?

실화소설인 〈창가의 토토〉 주인공 토토는 주의가 산만해 다른 학생들에게 피해를 준다는 이유로 초등학교에 입학하자마자 퇴학을 당합니다. 대안학교에 간 첫날 고바야시 교장 선생님은 토토 앞으로 의자를 바짝 당겨놓고 마주 보고 앉아서 하고 싶은 이야기를 전부 말해보라고 합니다. 토토는 너무 기뻐서 조잘조잘 이야기를 해요. 순서도 말투도 뒤죽박죽이고 별 내용도 없었지만 선생님은 "그랬어? 그랬구나. 그래서?"라고 맞장구를 쳐 주며 이야기가 동이 날 때까지 무려 4시간이나 진지하게 들어주죠. 토토는 그런 선생님에게 깊은 신뢰감을 갖고 변화되기 시작합니다.

진정한 경청의 대가大家는 "인자한 귀로써 우리의 작은 신음소리도 귀 기울이시고 응답"하시는 하나님이십니다. 우리가 그분을 신뢰하는 것도 그분이 토토처럼 말도 안 되는 이야기를 하는 우리를 나무라지 않고 고바야시 교장선생님보다 더 다정하게 귀를 기울이며 다 들어주시기 때문이죠. 그분은 귀가 있으세요.

참으로 경청의 힘은 위대합니다. 우리는 마치 귀가 없고 입만 있는 사람처럼 상대방에게 하고 싶은 말만 하기가 쉬운데요. 주님이 우리의 말에 귀 기울이시듯, 우리도 다른 이의 말에 귀를 기울이면 좋겠습니다. 오늘 남은 시간, 말하는 이와 눈을 마주치고 "그래서?", "그랬구나."라고 맞장구치면서 그를 알아줄 때 상대방의 눈빛이 어떻게 변하는지, 경청의 위력을 한번 경험해 보시는 게 어떻겠어요? 나아가 우리의 말을 늘 경청하시는 주님께 보답하는 양으로 우리도 그분의 음성에 우리의 귀를 쫑긋 세우고 귀 기울여 듣는다면 더욱 좋겠지요.

"하나님이 실로 들으셨음이여 내 기도소리에 귀를 기울이셨도다 시편66:19"

"여호와께서 내 음성과 간구를 들으시므로 내가 그를 사랑하는도다
그의 귀를 기울이셨으므로 내가 평생에 기도하리로다 시편116:1-2."

신호비용

캐나다 서부의 인디언 부족은 중요한 의례 때 인근 부족들을 초청해 포틀래치potlatch 라는 성대한 잔치를 여는데요. 주최자는 손님들에게 음식을 풍족히 내고 생선기름, 동물가죽, 담요 등을 선물하고, 보란 듯이 담요를 불태우거나 가장 소중한 재산인 구리판을 파괴하기도 합니다. 부를 과시해 경쟁자들을 압도하려는 것이죠.

수컷 공작의 장식용 꼬리도 신호에 해당합니다. 화려한 빛깔은 포식자의 눈에 띄기 쉽고, 긴 꼬리는 도망갈 때 장애가 되어 생존 측면에서 부담스럽지만 "나는 이런 핸디캡도 감당할 수 있을 만큼 능력 있다." 라는 신호를 암컷에게 보내는 것입니다. 이러한 '비싼 신호'는 명품 패션, 장신구, 고급주택, 스포츠 클럽 회원권, 예술작품, 홈시어터, 외제승용차, 고급 브랜드 제품, 화려한 결혼식 등으로 나타납니다. 자신의 사회적 지위와 위세를 과시적 소비를 통해 드러내려는 것이죠.

날씬한 몸매는 "자기관리가 철저하고 절제력 있다"는 신호, 자격증취득, 어학연수, 명문대 졸업장 등은 "다른 지원자들보다 더 능력이 있다"는 신호죠. 중국의 전족이나 무슬림의 히잡, 태국 카렌족 여성들의 목의 금빛굴렁쇠, 현대여성들의 불편한 복장과 하이힐, 매니큐어로 치장한 손톱 등은 적어도 자신이 노동자가 아니라는 간접적인 신호입니다.

과시적 소비는 부자의 전유물이 아닙니다. 가난한 여성도 수천만 원대의 카드빚을 지고 쇼핑중독에 걸리기도 하고, 심지어 짝통으로라도 자신을 차별화하고 어떻게든 상류층이 향유하는 우월감과 자부심을 맛보고 충족시키고자 합니다. 하지만 소비로는 진정한 정신적 만족을 얻을 수 없습니다. 과시적 소비

에는 낭비와 무절제, 허영심 등이 읽힙니다.

값비싼 신호일수록 상대방에게 신뢰를 줍니다. 말로만 하는, 비용이 들지 않는 신호는 믿을 게 못됩니다. 상대방의 관심을 일시적으로 끄는 데 그치지 않고 그의 신뢰나 사랑을 획득하려면 자신의 모든 것을 걸어야 합니다.

다윗은 23년이라는 긴 세월에 걸쳐 성전건축을 준비함으로써 자신이 그토록 하나님을 사랑한다는 비싼 신호를 보냈습니다. 솔로몬은 일천 번제를 드렸으며, 스바 여왕은 솔로몬에게 심히 많은 예물을 가지고 와 지혜를 구하는 그의 열망의 정도를 나타냈습니다. 여러분은 신령한 지혜를 얻기 위해 주님께 어떤 신호를 보내고 계신지요? 사랑한다고 말로만 고백하며 값싼 신호를 남발하면 돌아오는 것 역시 값싼 대가일 뿐이죠. 물질의 크기를 말하는 것으로 오해하지 마세요. 물질의 양은 늘 우리의 중심을 보시는 그분에게는 전혀 고려의 대상이 되지 않으니까요.

신앙인들의 헌신과 수고도 자칫 허영심의 표현으로 전락할 수 있습니다. 주님께서도 제자들에게 끊임없이 "외식外飾을 주의하라"고 하셨던 것처럼, 우리의 신앙이 실속 없는 자기과시용 행위가 된다면, 얼마나 서글픈 일일까요? 신앙생활에 진정한 사랑의 수고가 동반되는 값비싼 신호는 마치 결혼예물 다이아몬드처럼 "이만큼 사랑합니다." 라는 신호가 될 것입니다. 이미 우리에게 베스트의 대가를 지불해 주신 주님이지만, 우리가 보낸 신호에 따라 주님은 그에 상응하는 비싼 대가를 우리 삶에 되돌려 주실 것입니다.

나가수

MBC 의 '우리들의 일밤'의 한 코너인 〈나는 가수다〉라는 프로가 있습니다. 매주 내로라하는 7명의 프로가수들이 출연해 다른 가수의 곡을 다양한 장르로 편곡해 부르는 미션에 도전하고, 일반인 500명으로 구성된 청중평가단의 심사를 거쳐 1등부터 7등까지 순위를 공개하고, 청중의 지지율을 합산해 3주에 1명씩 탈락시킵니다. 이 프로그램은 시청률이 10%대를 웃돌고 이들의 옵션 노래가 새로운 문화콘텐츠가 되어 온라인 음원차트를 휩쓰는 등 가요계에 새바람을 일으키고 있습니다.

혼신의 힘을 다해 열창하는 가수들의 진정성과 도전정신, 가창력이 뛰어난 가수들이 과거의 노래를 재해석해 새로운 가치를 창출하는 창의성, 장르를 넘나드는 다양성, 마이너리티 가수들의 역전, 가수의 재발견, 한국 특유의 연줄 루트가 아닌 오직 실력만으로 승부하는 점, 기획된 아이돌 위주의 가요계 패턴에 노래를 듣게 한 점, 대리 충족심리, 실시간으로 이뤄지는 청중과의 소통과 피드백, 서바이벌 방식이 주는 경쟁의식과 긴장감, 과정에서 보여주는 가수들의 스토리텔링 등이 이 프로그램에 사람들이 빠지게 만드는 요인들입니다.

시청률을 높이고, 그로 인한 다양한 효과를 얻기 위해서라면 프로 가수들도 줄 세울 수 있다는 특이한 발상으로 연출된 〈나가수〉는 프로professional 가 무엇인지를 유감없이 보여줍니다. 가창력도 중요하지만 감동이 핵심입니다. 대중가수라면 다른 것이 아닌 오직 대중의 마음을 울리는 노래를 불러야 살아남는다는 것, 대중을 위해 자신의 인생이 담긴 노래를 진정성 있게 부를 때 청중이 공감한다는 것을 보여 줍니다. 만약 거기 나오는 가수가 청중의 기대에 미치지 못한다면 "너도 가수냐?"라고 비난할지도 모르지요.

가수들은 오직 대중에게 인정받기 위해, 마치 하룻밤에 났다가 곧 시들어질 박넝쿨 같고, 곧 사그라질 한낱 물거품 같은 인기를 얻기 위해 그토록 혼신의 힘을 다하는데, 그리스도인이라는 우리는 찬양할 때 만왕의 왕이요, 만주의 주이신 그분의 인정을 받기 위해 얼마나 애쓰는지요? 〈나가수〉처럼 만약 〈나는 그리스도인이다〉라는 프로가 있고 주님이 청중평가단이라면 어떨까요? 아마 살벌한 경쟁도 없을 거고요. 1등부터 7등까지 줄세우기도 없겠죠.

세상은 언제나 상대적이고, 1순위는 언제나 바뀝니다. 하지만 하나님의 나라는 절대평가입니다. 비록 별로 내세울 것이 없는 마이너리티 그리스도인이라 할지라도, 우리가 세상에서 어떠한 형편에 처하든지 간에 프로 그리스도인으로서, 나가수들이 청중에게 인정받기 위해 노래하는 심정으로 인생의 심판주이신 주님 앞에서, 또 세상의 청중들 앞에서 우리의 삶에 베푸시는 주님의 은혜를 노래한다면, 주님은 우리 모두에게 영원한 1등의 영광을 허락하실 것입니다.

문제는 나가수에 나오는 가수들은 가수로서 노래로 승부를 거는데, 그리스도인이라면서 세상의 다른 것으로 인정받는 데 관심이 많아 정작 그리스도인으로서의 이름값을 제대로 못하는 것이죠. 우리의 이런 모습을 보고 주님께서 "너도 그리스도인이냐?" 라고 물으시면 어쩌나 하고 슬며시 걱정이 되네요.

지금이 제일 낫다

1999년 9월 4일 첫 방송한 〈개그콘서트〉가 방송 600회를 맞았습니다. 11년째 평균 시청률 20%대를 기록하며, 대중의 기호에 부합하는 생활공감형 웃음을 유발하며, 각종 유행어를 양산하며 사랑받아왔는데요. 일개 코미디 프로가 아니라 성공 아이콘이자 위기극복 브랜드로 도약했다는 평가를 받고 있고요. 각 코너들마다 그 시대의 메가트랜드를 정확히 짚어낸다는 데 그 가치가 있습니다.

얼마 전까지 개콘의 봉숭아학당에 나왔던 '심리술사 마스터 최' 코너는 우리가 얼마나 비교에 익숙한 존재인지, 또 마음먹기에 따라 상황이 어떻게 달라질 수 있는지를 깨우쳐 주었습니다. 개그맨 최효종은 '현재의 남자친구보다 다른 남자가 더 멋있어 보일 때 가상 소개팅남의 유형'을 소개하면서, 상상 속에서 새 남자와 경험할 수 있는 최악의 상황들을 가정해 죽 늘어놓은 다음, 그 형편 없는 소개팅남을 만나고 싶은지, 지금의 남자친구를 만날 건지를 묻습니다. 그러면서 좀 마음에 들지 않는 부분이 있다 할지라도 "현재의 남자가 가장 좋은 것이다. 당신은 지금 최고의 인생을 살고 있다."라고 마무리합니다. "미국 영주권을 갖고 미국에 계속 살고 싶어 하는 그 남자를 만나겠습니까?, 아니면 당신의 마음속에 영원히 살고 싶어 하는 지금의 남자친구를 만나겠습니까?" 그의 질문이 이분법적이라 흑백논리의 오류를 안고 있기는 하지만 우리가 현재 갖고 있는 것이 지닌 가치에 대해 새삼 눈뜨게 만들어 준 것은 틀림없습니다.

올림픽 은메달리스트는 아깝게 놓친 금메달 생각에 속이 쓰려 눈물을 흘리지만 동메달리스트는 4위와 비교하기 때문에 밝게 웃습니다. 동일한 상황에서도 비교 대상에 따라 행복해질 수도 있고 불행해질 수도 있어요. 어떤 선생님이 그러시더군요. 부임초기에는 학교 일찍 잘 오고 말 잘 듣고 공부 잘하는 애만 예뻤는데, 지금은 학교에 와 주기만 해도 예쁘다고요. 또 어떤 간호사가 말하더군요. 병원에서 하도 험한 것을 많이 보니까 애들 말 안 듣고 공부 좀 못하는 것은 아무 것도 아니게 되고 그저 건강하기만 해도 감사하게 되더라고요. 너무 잘난 자식은 성공해서 업무에 바쁜 나머지 부모의 병상도 임종도 못 지키는 수가 많대요. '엄친아'가 어떻든지 남과 비교해 귀한 자녀들 스트레스 주지 말아야겠습니다. 우리들 대부분이 다 평범하고 또 부족하잖아요. 그것은 부끄러운 것도 아니고 나쁜 것도 아닙니다. 오히려 하나님의 은혜를 더 입을 수 있는 토대가 되죠. '못난 것, 작은 것, 불완전한 것은 나쁜 것이고 불행한 것이다.'라는 생각은 사탄의 속임수입니다. 그 미끼에 걸려들지 않으려면 아예 비교를 하지 않는 게 최상이겠지만, 그게 여의치 않다면 비교 대상을 잘 설정하시는 것도 한 비결이 아닐까요? 아무 부족한 것이 없이 모든 것이 풍족하던 에덴동산의 하와에게 다가가 뭔가 부족하다고 느끼게 만들고, 더 완전해질 수 있다며 감히 하나님과 비교하게 만들어 인간을 불행에 빠뜨린 사탄은 오늘도 우리에게 부단히 비교하게 만드니까요. 사실 우리가 행복하기 위해서 굳이 그렇게 많은 것이 필요한 것은 아니거든요. 남보다는 나은 나 자신의 능력과 행복을 과시하려다 보니 남보다 잘난 것, 많은 것, 큰 것이 필요한 거죠.

얼굴에 쓰여 있습니다

1850년대 미국에서 있었던 일인데요. 몬테나 주 강변에서 금광맥을 찾던 12명의 사람들이 굉장히 큰 금광맥을 발견하였습니다. 당시에 그들은 너무 지쳐있었고 몇몇은 아프고작업을 하기에 도구도 불충분하여 그것을 아무도 모르게 감춰 놓고 마을로 가서 치료도받고 힘을 회복하고 충분한 도구를 준비해서 오기로 하였습니다. 그들은 이 일을 아무에게도 발설하지 않기로 굳게 맹세하였습니다.

그들이 2주 동안 잘 먹고 쉬고 치료한 후 도구를 챙겨 새벽에 마차를 이끌고 나서자 온 동네 사람들이 마차를 타고 그 뒤를 따르는 것이었어요. 깜짝 놀라 "당신들 어디 갑니까?"하고 묻자 "네. 당신들이 찾은 금을 같이 캐려고 따라가는 것입니다." 그 말을 듣고 몹시화가 난 일행은 다시 돌아와 누가 발설했는지를 서로 추궁하였으나 아무도 말한 사람이없었습니다. 그래서 그들은 동네 사람들에게 물었습니다. "대체 당신들은 우리가 금을 찾은 것을 어떻게 알았어요?" 그러자 그들이 대답했습니다. "우리는 당신들 얼굴 보고 알았어요. 당신들 얼굴에 '우리는 금을 찾았다'라고 쓰여 있습니다."

얼굴은 얼의 꼴, 즉 정신상태의 반영입니다. 마음에 큰 기쁨이 있으면 아무리 감추려고 해도 기쁨빛이 새어나오고, 마음에 근심이 있으면 아무리 화장을 하고 겉으로 웃어도 근심빛이 새어나오게 되어 있습니다. 이처럼 우리가 마음속에 예수 그리스도라는 보배를 갖고 있으면 그것은 얼굴에 자연히 드러나게 되고 다른 사람이 우리가 보배를 간직하고 있다는 사실을 눈치 채게 될 것입니다.

소년 시절에 관상을 공부한 백범 김구는 자신의 관상이 흉상임을 알고 실망하였다고 해요. 하지만 그것을 극복하고 '관상불여심상 觀相不如心相'이란 말을 남겼는데요. 이 말대로 관상이 심상의 반영이라면 얼굴 단장보다는 마음 단장이 우선순위인 것 같네요. 얼굴에 뭐라고 쓰였는지 지금 거울 한번 들여다보시겠어요? 여러분은 몰라도 다른 사람은 알 거예요.

이상교의 〈잔디밭〉이라는 짤막하면서도 의미 있는 시를 한 편 소개해 드립니다. 만약 누군가 나를 꺼린다면 내 얼굴에 뭐라고 쓰였기에 그런가 하고 한번 생각해 볼 일입니다.

'들어가지 마시오'
제 얼굴에
그렇게 쓰인 건 모르고.
'이리 들어와.
들어와 앉으래두.'
나를 꾄다.

베어

재미있는 영화 이야기 하나 해 드릴까요? 1988년에 프랑스의 장 아크 감독에 의해 만들어진 '베어bear'인데요. 제목 그대로 곰이 주인공으로 나오는 영화예요. 컴퓨터 그래픽이 아니라 실제로 곰이 연기를 한 거라고 합니다. 오랜 시간 곰을 조용히 따라다니며 촬영했다고 하는데, 불가능해 보이는 것을 가능하게 한 감독의 연출력이 경이롭기까지 합니다. 이 영화에서는 인간이 조연일 뿐이고 대사도 해설도 거의 없습니다. 평화로운 자연과 인간의 탐욕을 대비시킨 이 영화에서 우리는 또 다른 교훈을 얻을 수 있습니다.

아기곰 두스는 엄마곰과 함께 꿀둥지에서 꿀을 먹다가 갑자기 굴러 떨어진 바위에 엄마곰이 깔려 죽자 혼자가 됩니다. 하루아침에 보호자를 잃고 혼자 이곳저곳을 떠돌아다니던 아기곰은 사냥꾼의 총에 맞아 어깨에 상처를 입고 피를 흘리는 큰 수곰 바트를 만나게 돼요. 바트는 곰사냥을 하는 부자(父子)의 표적이 되어 총을 맞게 된 것입니다. 두스는 귀찮아하는 바트를 쫓아가 상처를 핥아줘요. 외로웠던 둘은 이내 서로 친구가 되어 함께 사냥하여 먹이를 먹고, 아기곰은 큰곰을 통해 자연의 섭리를 배우며 성장합니다. 아기곰은 큰곰이 하는 모든 것을 따라합니다. 큰곰처럼 벌통에서 꿀을 따고, 시냇가에서 고기잡이를 배우고, 등을 긁는 큰곰의 육중한 동작까지 흉내를 냅니다.
둘이 서로 의지하며 평화롭게 지내던 어느 날 그들 앞에 다시 사냥꾼 부자가 사냥개들을 데리고 나타납니다. 큰곰은 아기곰을 동굴에 숨기고 싸웁니다. 사냥꾼들은 큰곰을 잡지 못하고 돌아오다가 아기곰을 발견하고는 생포해 은신처에 숨깁니다. 큰곰은 아기곰을 구하기 위해 사냥꾼이 있는 곳으로 갑니다. 사냥꾼들은 곰이 올 만한 길목에서 숨어 기다리고 있습니다. 오랫동안 큰곰을 기다리느라 지친 사냥꾼이 물을 먹으러 갔을 때 그곳에서 큰곰과 마주치게 됩니다. 큰곰에게 밀려 절벽에 몰린 사냥꾼은 두려움에 사로잡혀 살려달라고 외칩니다. 하지만 큰곰은 그를 해치지 않습니다. 그 덕에 아기곰 두스는 풀려납니다.

어느 날 들판에서 혼자 놀고 있는 아기곰에게 푸마가 사정없이 달려들어요. 아기곰은 급한 김에 시냇물에 뛰어드는데요. 바짝 뒤쫓아온 푸마는 날카로운 이빨을 드러내며 으르렁댑니다. 그런데 갑자기 아기곰이 벌떡 일어나더니 큰곰의 몸짓을 재연하기 시작하는 거예요. 앞발을 바짝 들고 등을 똑바로 펴더니 비록 아기곰의 목소리지만 있는 힘껏 으르렁댔어요. 이때 놀라운 일이 벌어집니다. 푸마가 겁에 질려 도망치기 시작한 겁니다. 의기양양한 아기곰의 뒤를 카메라가 비추자 뒷배경에는 큰곰이 아기곰 뒤에서 한껏 앞발을 세우고 있습니다. 큰곰과 같이라면 아기곰에게는 푸마도 두렵지 않은 것이죠.

언젠가 백두산 호랑이 생포 장면에 대해 들은 적이 있는데요. 포수가 총을 들고 뒤를 따르고, 사냥개는 앞서 가다가 호랑이를 발견하면 겁도 없이 달려들어 물어뜯고 공격을 한다고 해요. 그 사냥개는 여러 모로 호랑이보다 약하지만 자기 뒤에서 무장한 채 따르는 포수가 자기를 보호해 줄 것을 믿고 자기보다 훨씬 더 큰 호랑이에게 두려움 없이 달려드는 거랍니다.

우리는 영화 '베어'의 아기곰 두스 같고, 사냥개같이 약한 존재죠. 하지만 우리에겐 아기곰에게 있어서 큰 곰과도 같고, 사냥개에게 있어서 사냥꾼과 같은 주님이 계시니까요. 혹시 푸마 같은 사탄의 공격으로 인해 위험에 처하시게 되더라도 염려하지 마세요. 주님은 아기곰 두스가 어려움에 처할 때마다 구원해 준 큰곰 바트보다도 더 믿음직하고 우리를 사랑하시니까요. 큰곰과 함께할 때 아기곰에게 두려움이 사라졌듯이 주님과 함께라면 사탄의 시험도 넉넉히 이길 수 있습니다.

"볼지어다 내가 세상 끝날까지
너와 항상 함께 하리라
마태복음28:20"

생활습관병

수수께끼를 하나 내보겠습니다. 나는 누구일까요?

나는 항상 당신과 함께합니다. 나는 당신에게 잘 길들어 있어서 전적으로 당신의 명령에 따릅니다. 나는 당신을 가장 잘 도와주기도 하고 가장 무거운 짐이 되기도 합니다. 나는 자동화 기계처럼 정확히 돌아가고, 일관된 반응을 보이며 일정한 패턴을 가지고 있습니다. 나는 처음에는 가느다란 실과 같지만 나를 반복할 때마다 실은 점점 두꺼워지며, 당신의 생각과 행동을 꼼짝없이 묶는 거대한 밧줄이 될 때까지 한 가닥씩 보태집니다. 간혹 나를 엄격하게 대하는 사람도 있기는 하나 나를 깨거나 바꾸려는 노력은 시간낭비일 뿐입니다. 한번 짜인 것은 여간해서는 파손되지 않기 때문이죠. 내겐 엄청난 파워가 있어요. 나는 당신을 위대하게도 만들 수 있고 실패하게도 할 수 있습니다.

당신이 건강하냐 질병에 걸리느냐 하는 것도 나에게 달려 있습니다.

정답은 '습관'입니다. 습관은 사람을 만들고, 운명을 만들고, 병도 만듭니다. 요즘에는 '성인병'을 '생활습관병'이라고 하는데요. 대부분 흡연, 음주, 수면, 휴식, 과식, 편식 등 어떤 생활습관의 반복에 의해 병이 발생하기 때문입니다. 그러니까 습관을 바꾸면 예방이나 치료가 가능하다는 얘기죠.

식습관만 보더라도, 전에는 짜고 맵고 절인 음식을 많이 먹어 위암이 많았는데 요즘은 육류 등 지방질의 섭취가 많아서 대장암이 많아졌다고 합니다. 이처럼 식습관이 질병을 불러들입니다. 컴퓨터 앞에서 잘못된 자세로 오래 앉아 일하다 보면 근육이 뭉쳐 목 뒤가 뻐근하고 당기면서 심한 긴장성 두통에 시달리기도 하고, 거북목이나 일자목이 되기도 합니다. 한쪽으로만 가방을 매는 습관으로 한쪽 어깨가 쳐지기도 하고, 앉는 자세가 나빠 허리나 등이 굽기도 하죠.

생활습관병은 당장 어떤 증상이 드러나거나 그 자체로서는 큰 문제가 되지 않지만, 방치하면 치명적인 질병이 되어 생명을 위협할 수 있습니다. 건강하려면 내가 갖고 있는 잘못된 생활습관이 어떤 질병을 가져올 가능성이 있는지를 생각해 보고 잘못된 생활습관을 교정해야 하겠습니다.

사실 습관은 고치기보다는 교체해야 할 대상입니다. 누구나 한꺼번에 많은 것을 바꾸기는 어렵죠. 세살 버릇이 여든까지 간다는데, 그토록 질긴 습관을 고치려 하기보다는 실현가능한 작고 구체적인 목표를 정하고 꾸준하게 실천하면서 새로운, 더 좋은 습관을 하나라도 들이는 것이 더 나을지도 모릅니다.

특별히 신앙인이라면 기억할 것이 있습니다. 육체의 잘못된 습관이 인체에 치명적인 질병을 갖다 줄 수 있다면 말씀을 안 본다거나 기도에 게으른 것 등 좋지 않은 영적 습관의 위험이야 더 말해 무엇하겠습니까. 현재의 영적 자세와 습관이 영혼의 질병을 부르고, 나아가 생의 마지막 날 자신의 영혼이 다다를 종착점을 결정짓는다는 사실을 잊지 말고 마음을 새롭게 하고 거룩한 습관 들이기에 힘써야 할 것입니다.

우리가 또 기억해야 할 것은 하루하루 자신의 자세와 습관을 선택할 수 있고, 스스로 교정해 나갈 수도 있다는 사실입니다. 더 중요한 것은 교정을 한다 하더라도 오래 묵어 몸에 밴 생활습관을 확실하게 교체하지 않으면 말짱 도루묵이라는 것입니다. 생활습관 교정에 일시적으로 성공했다가 의지박약으로 인해 옛날로 돌아가는 영육간의 요요현상을 경계해야 하겠습니다.

스프링벅

아프리카 남부 칼리하리 사막에 사는 영양의 일종인 스프링벅 羚羊, springbuck, 혹은 springbok 은 점프력이 뛰어나 스프링벅이라고 불리는데요. 이들은 평상시 소규모일 때는 다른 양들처럼 떼를 지어 다니며 풀을 뜯어먹는데요. 무리가 커지게 되면 평원을 질주하다 절벽으로 떨어져 최후를 맞는다고 해요. 한 동물학자가 이에 관심을 갖고 연구한 결과 이들의 집단자살행동은 자신의 목적을 잃고 집단으로 내달리다 벌어진 참사라는 것을 알아냈습니다.

사막에 풀이 돋으면 몇 마리씩 무리지어 살던 스프링벅은 초원으로 모여들기 시작합니다. 무리가 모여 수백 수천 마리로 불어나면서 비극은 시작되는데요. 거대한 무리가 초원을 가로지르며 풀을 뜯다 보니 앞쪽 양들이 풀을 뜯어 먹어버리면 뒤쪽에는 먹을 풀이 거의 남아 있지 않게 되죠. 뒤쪽의 무리들이 풀을 차지하려고 앞쪽 무리들의 엉덩이를 들이밀면 앞쪽은 선두를 뺏기지 않으려고 속도를 내어 뛰게 되어 어느 순간 질주를 시작하게 됩니다. 대초원을 가로질러 산을 넘고, 들을 지나 물을 건너 풀을 뜯을 새도 없이, 쉴 틈도 없이 앞으로만 빠른 속도로 달려갑니다. 그러다가 초원의 끝에 다다르게 되어도 갑자기 정지할 수가 없어서 뒤쪽에서 밀려드는 무리에 떠밀려 낭떠러지나 바다나 강물 속으로 빠져 죽습니다. 당초에 찾던 것은 풀이었는데 말이죠. 목적을 잃고 달리다 보니 이런 비극이 생기는 것입니다.

스프링벅의 비극은 우리에게 큰 교훈을 줍니다. 무슨 일을 하든지 우리가 목적을 잃어서는 안 된다는 것입니다. 노를 저을 때 나아갈 방향이 없이 뱃머리를 보고 저으면 배가 그 자리에서 빙빙 돈다고 합니다. 하지만 저 앞의 목표점을 분명히 하고 그것을 바라보고 노를 저으면 신기하게도 배가 앞으로 나간다고 해요. 목적이 분명하고, 그 목적을 잃지 않을 때 우리 삶은 그 목적을 향해 나아갈 수 있으며, 그 목적이 우리의 삶을 이끌어주는 견인차 역할을 합니다. 그런데 우리는 종종 목적을 잃어버릴 때가 많아요. 이 일을 벌여 놓고 마치지 않은 채 다른 일에 빠지죠. 학생이 공부하다가 집중력이 떨어져 잡생각에 빠지는 것도, 자료검색 한다고 인터넷에 들어가 서핑하느라 몇 시간을 훌쩍 허비하는 것도 그 순간 목적을 잃었기 때문입니다. 샛길로 빠졌다 싶으면 무슨 일을 할 때 "지금 나는 무엇을 하고 있는가? 내 원래의 목적은 무엇이었나? 그 목적에 얼마큼 가까워졌나? 내가 질주하는 끝은 어디인가?"하고 되묻고 얼른 제자리로 돌아오는 습관을 들여야겠습니다. 그래야 스프링벅처럼 되지 않을 테니까요.

그런데요, 목적을 잃지 않는 것보다 더 중요한 것은 그 목적이 올바라야 한다는 것이겠지요.

또 하나의 교훈은 앞에 있는 스프링벅의 책임이 더 크다는 것입니다. 아마도 선두에 선 양들은 힘이 좀 더 센 것들이거나 아니면 그들과 연고가 있어 서로 잘 알고 지내는 양들이었을 텐데요. 어떤 이유든 간에 그들이 맨 앞자리를 차지했다는 이유만으로 좋은 풀을 자기들끼리 다 먹어치우는 일만 없었어도 뒤따르는 양들이 조급한 마음을 갖지 않았을 테고 그로 인해 다 같이 멸망하는 비극은 없었겠지요.

송솔나무

송솔나무는 줄리아드 음대와 스위스 로잔 국립 음대를 졸업하고, 드라마 '허준', '이산', '동이', '카이스트' 등의 배경음악과 영화 배경음악 등의 프로듀싱, 작곡, 연주를 하고, 뉴욕 링컨센터와 카네기홀에서 독주할 정도의 실력가이며, 음악으로 사역하는 세계적인 플루티스트입니다.

이분은 연주를 위해 몇 종류의 악기를 가지고 다닌대요. 수천만 원대의 은제 알토플루트, 억대의 금 플루트, 단돈 만 원짜리 틴휘슬 등을요. 그가 언젠가 악기를 잃어버리고 낙심해 있을 때 "네가 정말 도둑맞은 게 뭔지 아니?"라는 주님의 음성에 "예수님의 첫사랑요."라고 대답하면서 뜨거운 눈물로 회개한 다음 날, 잃어버렸던 것보다 두 배나 더 좋은 악기를 후원받았대요. 지금 소지한 것은 그보다 4배가 비싼 것으로 전체가 18캐럿의 백금과 24캐럿의 황금과 플래트늄으로 만들어진 플루트로 전 세계에 두 대밖에 없는 귀한 것이라고 합니다.

그는 국내 최초의 '틴휘슬 Tinwhistle' 연주자이기도 한데요. 아일랜드 전통악기인 틴 휘슬은 재질이 나무라서 고장도 잦고 수명이 3-6개월밖에 안 된대요. 이동 중에 무거운 악기에 눌려 부러질까 봐 120만 원짜리 마이크 케이스에 솜을 깔고 이 악기를 담고 다니는데 어느 날 이런 생각을 했다죠. "나도 이 악기를 소중히 다루는데, 주님은 얼마나 나를 사랑하실까. 세상에는 금과 은 같은 사람도 많은데, 틴 휘슬 같은 나를 이렇게 귀하게 사용하시는구나."

더블 플루트는 V자 형태로 작은 플루트 두 개가 붙어 있어요. 아주 작은 악기점 구석에 먼지가 쌓인 채로 있던 이 악기를 처음 보는 순간, 어릴 때의 자기모습을 보는 것 같았다고 해요. 공부도 못하고, 학교 가면 아이들에게 맞고, 집에 돌아오면 사춘기의 사촌형과 어머니한테 맞아 날마다 매로 시작해 매로 끝났다고 합니다. 공을 던지면 되돌려주는 벽이 그의 유일한 친구였대요. 13살 때, 그 날도 실컷 매를 맞고 학교 화장실에 숨어 있다가 플루트 소리를 듣고 꿈을 가졌 지만 레슨 받을 여건이 안 돼 레코드 가게에서 시디를 사 모차르트 콘체르토를 외워서 시험을 봤는데 줄리아드 프리스쿨에 장학금을 받고 가게 됐다고 해요. 그 덕분에 미국 영주권을 받게 되었는데요. 장래가 촉망되어 가족들의 사랑을 독차지하던 누나가 아니라 늘 구박을 받던 자기가 영주권 문제를 해결해 가문 을 살리는 사람이 된 것이죠. 그래서 그는 더블 플루트에게 이렇게 말했대요. "내가 너를 위해 '파인 트리 pine tree' 라는 곡을 짓고 너를 하이라이트로 연주해 줄게." 그 파인 트리가 이번에 아시아를 대표하는 곡으로 뽑혔다네요.

억대 악기, 만 원짜리 악기 연주가 그 값에 따라 달리 들리지는 않죠. 연주자 가 같기 때문입니다. 악기는 고장 나면 새 악기로 바꿀 수 있지만, 결코 주인 에게 길든 악기와 같을 수는 없지요. 틴휘슬처럼 비록 세상에서 '고장 잘 나고, 싸구려, 때로는 나조차도 싫게 느껴지는' 그런 인생이라 할지라도 "제 주인은 하나님이십니다."라고 고백하는 사람은 바로 주님께 길든 악기와도 같아서 주 님이 아끼시고 그를 통해 생의 명연주를 하게 하실 것입니다. 만 원짜리 휘슬 같은 인생이라도 주님의 손에 들려 연주되기만 하면 파인 트리가 아시아 대표 곡으로 뽑힌 것처럼 영광스러운 날이 오게 될 것입니다. 악기가 문제가 아니라 연주자가 문제니까요. 우리 인생을 연주해 주시는 분은 우리를 너무나도 사랑 하시는 아버지 하나님이시니까요.

윷놀이

고유명절인 설에는 모처럼 가족친지들이 모인 자리에서 대개 윷놀이를 하고 노는데요. 윷놀이는 잡고 잡히는 상황에서 긴장과 스릴을 맛보는 게 묘미죠. 또 마지막 말이 결승점에 가까이 있다 해도 반전될 수 있어서 승부 예측이 어렵다는 것도 재미중의 하나입니다.

윷은 삼국 시대 이전부터 농사의 풍흉과 한 해의 길흉을 점치는 점술 도구로 시작되었으나 점차 놀이로 변했습니다. 도개걸윷모의 명칭이 옛날 부여의 관직명인 마가, 우가, 구가, 저가 등과 유사하다는 점에서 이미 부여 때부터 성행하던 놀이로 보기도 합니다. 그에 연유해 도는 돼지, 개는 개, 걸은 양, 윷은 소, 모는 말에 비유하기도 합니다.

윷놀이의 점수는 신분에 따른 사회적 지위를 반영합니다. 도는 천민, 개는 상민, 걸은 중인, 윷은 무반, 모는 문반을 가리킵니다. 윷과 모는 한 번 더 던질 수 있는 특권이 있습니다. 점수도 1점부터 5점까지 차이가 나고, 각기 점수가 나올 확률도 도가 2/8, 개가 3/8, 걸이 2/8, 윷이 1/16, 모가 1/16으로 차이가 납니다. 득점에 별 도움이 안 되는 개가 제일 많이 나오고, 도와 걸이 그 다음, 윷이나 모는 그만큼 덜 나온다는 말입니다.

우리가 무심코 하는 이 윷놀이는 단순해 보이지만 여기에도 삶의 우여곡절이 들어있어요. 윷가락을 던져 점수를 얻는 것은 운명에 대한 순응과 아울러 그 운명을 바꿔보려는 인간의 노력과 의지를 반영합니다. 윷가락을 던져 점수를 만드는 것은 확률에 기초하고 있어 그 운명에 순응할 수밖에 없지만 던지는 방법에 따라 확률이 변화될 가능성도 있습니다. 그래서 어찌하든지 윷가락을 던질 때 윷의 재질이나 모양, 바닥의 성질 등을 이용해 개보다 걸이, 윷보다 모가 더 많이 나오도록 애를 씁니다.

점수보다 말을 어떻게 부리느냐는 더 중요합니다. 말을 잘만 부리면 적은 점수를 얻고도 이길 수가 있고, 말을 잘못 부리게 되면 많은 점수를 얻고도 질 수가 있기 때문입니다. 여기서 말을 부리는 것은 삶을 주체적으로 개척하려는 인간의 의지를 반영합니다. 또한 윷놀이에서 같은 편끼리 협의해 말을 소유하고 부리는 것은 공동체적 삶을 반영합니다.

우리는 윷이나 모 같은 특권인생으로 살기를 원하지만 대부분 개나 도 같은 보통 인생으로 태어난 경우가 많습니다. 하지만 결과는 태어날 때의 조건이 정해 주는 것이 아니에요. 윷놀이처럼 우리의 삶의 코스는 운명적으로 태어날 때부터 정해진 것이 아니라 부단히 우리 삶의 태도에 따라 변화하는 유연성을 지니고 있습니다. 우리가 보기에 개나 도 같은 보통 인생들도 주님과 함께하면 그 자체만으로도 윷이나 모 같은 하늘나라의 특권 인생이 됩니다.

또한 우리 삶은 우리가 혼자 꾸려가는 것이 아니라 주님과 함께 멋진 모자이크를 구성하는 것입니다. 물론 마스터플랜과 전체 그림은 그분이 갖고 계시겠지만, 실제로 그 그림을 하나하나 맞추고 꾸며가는 우리의 몫이 따로 있는 것입니다. 믿음의 조상 아브라함이 아무런 기약 없이 주님의 명령에 순종하여 그의 고향을 떠나갈 때도 주님은 그 주연과 더불어 멋진 그림을 그리고 계셨겠지요. 오늘 하루도 주님과 함께 삶을 멋지게 장식해 보세요.

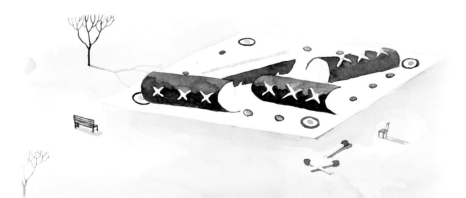

염려클리닉

과테말라 고산지대에 사는 인디언들 사이에는 수백 년 간 만들어지고 잠자리를 지켜 온 '걱정인형'이야기가 전해 내려옵니다. 아이가 잠을 잘 들지 못할 때 할머니가 미소를 머금고 다가와서 작은 인형을 머리맡에 놓아주면서 "네가 자는 동안 네 걱정을 이 인형이 밤새 대신해 준단다. 그러니 너는 마음을 편히 하고 자렴." 이렇게 속삭이면 아이는 잠투정을 안 하고 편안히 잠을 잔대요. 그 효과에 주목해 미국의 메디컬 센터에서는 걱정인형을 활용해 치료하기도 합니다. 우리나라에서도 걱정인형을 살 수 있습니다. 걱정인형이 사람들의 걱정을 빨아들이는 M화재보험의 CF도 있죠.

'걱정 나무' 이야기도 이와 비슷해요. 어떤 사람이 퇴근할 때마다 현관문 앞의 작은 나무에 그날 받은 스트레스나 걱정거리들을 다 털어놓습니다. 집안에 들어가서는 가족들과 단란한 저녁시간을 보내고 다음날 아침에 출근하면서 어제 걸어두었던 염려거리들을 다시 집어 갖고 나오는데요. 이상하게도 어제만큼 무겁지도 않고 양도 조금밖에 안 남는다는군요.

사람이라면 누구나 하게 되는 것, 염려……. 여러분도 이것을 해결할 수 있는 '걱정나무'가 하나 있으면 좋겠지요? 진정한 걱정나무를 소개해 드릴게요. 바로 예수 그리스도의 십자가입니다. 우리의 모든 짐을 대신 지기 위해 '걱정나무'에 달리신 주님께서 '너희 염려를 다 맡겨버리라'고 말씀하십니다. '맡겨버리라'는 말은 헬라어 '에피립토'로, 마치 말을 타기 위해 안장을 그 위에 지우는 것처럼 '던지다'라는 의미를 갖고 있습니다. 내 힘으로 해결할 수 없다면 그 누군가에게 맡겨야 하겠지요. 그렇게 할 수만 있다면 그 걱정나무 위에 우리의 염려거리들을 걸쳐놓는 만큼 우리의 험난한 인생여정은 지금보다 훨씬 자유롭고 가벼워질 거예요. 주님 말씀대로 우리가 염려한다고 해서 문제가 해결되는 건 아니니까요.

'염려'는 헬라어로 '마음을 혼란스럽게 괴롭게 하다', 독일어로는 '질식시키다' 라는 뜻입니다. 우리의 마음을 산란케 하고 우리를 올가미로 질식시키는 염려는 곧 두려움이기도 한데 이 두려움은 불신앙에서 옵니다. 우리가 염려하는 궁극적인 이유는 하나님이 아닌 재물에 의지해 자신의 미래를 안전하게 보장하려 하기 때문입니다. 건강, 명예, 학교, 결혼, 자녀, 부모, 은퇴 등 염려의 내용은 많으나 거의 재물로 귀결되죠. 하지만 주님께서는 무엇을 먹을까 입을까하는 것은 다 이방인들이 구하는 것이라고 말씀하십니다. 이방인은 하나님을 아버지로 모시지 않기 때문에 하나님의 사랑과 관심을 받지 못하고 스스로 염려거리를 해결해야 하니 항상 삶에 걱정이 가득할 수밖에 없습니다. 하지만 우리에게는 우리를 돌보시는 아버지가 계십니다. 만약 이 세상의 어떤 왕보다 더 돈 많고 힘 있고 나를 사랑하는 아버지가 옆에 계신데도 먹을 것 입을 것을 걱정하느라 잠을 못 이루는 자식이 있다면 이 얼마나 어리석은가요?

광야에서 40일간 금식하는 예수님에게 다가가 "먹고사는 것이 중요해."라고 유혹한 사탄은 오늘도 우리에게 다가와 먹고사는 일에 대한 염려를 가득 채워 넣어줍니다. 하지만 예수님은 '떡'보다 중요한 것이 '말씀'이라고 한칼에 물리치셨습니다. 세상 염려가 엄습해 올 때 우리는 그것을 주님의 관점으로 바라보고 주님께 맡기고 기각시켜야 합니다. 진정 우리가 염려해야 할 것은 따로 있습니다.

"하나님의 뜻대로 하는 근심은 후회할 것이 없는 구원에 이르게 하는 회개를 이루는 것이요 세상 근심은 사망을 이루는 것이니라 고린도후서7:10"

사회적 협력

코스타리카에서 조사하고 1983년 캘리포니아로 돌아온 생물학자 제럴드 윌 킨슨이 보고한 내용입니다. 그가 연구한 흡혈박쥐는 밤이 되면 짐승들을 찾아 가 살갗에 몰래 작은 절개창을 내고 피를 빨아먹는데요. 마땅한 대상을 찾지 못하거나 찾더라도 상대에게 들켜서 실패하는 경우가 있어 배를 자주 굶는다 고 해요. 노련한 박쥐에 비해 어리고 미숙한 박쥐는 더 자주 굶게 되죠. 박쥐 는 60시간 동안 피를 못 먹으면 아사한대요. 그러나 다행히 박쥐들은 하루 필 요량 이상의 피를 빨아두었다가 잉여분을 다시 토해내서 다른 박쥐에게 줄 수 가 있습니다.

박쥐의 처지에서 보면 하나의 딜레마예요. 얻어먹고 나눠 주지 않으면 이익 인데, 만약 주고 나서 돌려받지 못하면 손해를 볼 테니까요. 하지만 박쥐는 자 기 혼자 살아가는 것보다 서로 협력하면서 살아가는 것이 생존에 더 유리한 전 략이라는 것을 터득하였습니다. 과거에 피를 제공한 박쥐는 그 상대로부터 피 를 보답 받는 반면, 남은 피를 주지 않은 박쥐는 다음에 피를 얻지 못합니다. 그 들은 서로의 깃털을 손질해주면서 위장 부위에 특별히 주의를 기울여 규칙 불 이행자를 적발합니다. 포식하고도 나눠 주기 싫어서 불룩해진 배를 감추고 속 임수를 쓰는 박쥐는 금세 들통 나고 맙니다. 얻어만 먹고 나눌 줄 줄을 몰라 집 단을 위해 기여하지 않는 무임승차자는 사회적으로 문제가 됩니다.

나눌 것인가? 나만 배부를 것인가? 박쥐뿐 아니라 우리에게도 딜레마죠? 하지만 나와 공동체가 분리된 것이 아니라 중층적이라는 것을 알면 답은 곧 나오지요.

정치학자 액설로드와 해먼드는 사람들에게 아무 의미 없는 여러 색깔의 옷을 입히고 서로 협력하도록 해보았습니다. 그 결과 같은 색깔 옷의 사람들끼리만 협력하는 경향을 보였다고 합니다. 집단적 성향이 자연스럽게 발생한다는 것이죠.

　　협력하는 사람들이 많을수록 집단 간의 경쟁에서 이기고 살아남을 확률이 높아지고 또한 혹독한 환경에 대항하여 더 오래 살아남을 수 있습니다. 실제로 이타성도 인간의 본능 중의 하나입니다. 흔히 생각하는 것처럼 인간이 자기 자신만을 위한 욕심으로 행동하는 것은 아니라는 것이죠.

　　남에게 베풀 때는 "물 위에 던지라"는 말씀처럼 자신이 베푼 만큼 그에게 돌려받으려는 계산적인 마음을 갖지 말아야 합니다. 누가 받게 되든, 언제 돌려 받게 되든, 준 만큼 돌려받든 못 받든, 남을 위한 것은 곧 자기를 위한 것 아닐까요?

"너는 네 떡을 물 위에 던지라 여러 날 후에 도로 찾으리라
일곱에게나 여덟에게 나눠 줄지어다 전도서11:1-2 "

따사로운 햇살과 부드러운 봄바람이 대지를 쓰다듬으면
대지는 그 품에 간직했던 싹을 살며시 틔워 내놓습니다.
작고 여린 새싹이 겨우내 굳어있던 땅을 뚫고 나온다는 점에서
'강하고 굳센 것들은 결국 부드러운 것을 이기지 못한다'는 것을 새삼 깨닫습니다.

PART
2

3♥4월

Mar - Apr

꽃이 잎보다 먼저 피는 이유
가장 좋은 선물
민들레
나무를 심은 사람
나무가 우리에게 가르칩니다
사순절
고난주간 성금요일
4 · 19혁명
장애인의 날
긍정적 몸 인식
행복의 첫 단추
과학의 날
신뢰
사회적 지지
깨진 유리창 이론

꽃이 잎보다 먼저 피는 이유

꽃샘추위도 아랑곳없이 봄을 맞이하는 꽃들은 가지 속에서 부지런히 몸단장을 하고 있습니다. 개나리와 진달래, 목련 등 봄맞이꽃들은 성격이 좀 급한가 봐요. 잎도 나기 전에 꽃을 먼저 피우니 말입니다. 그런데 실은 그게 아니고요. 다른 식물들과 마찬가지로 잎이 난 후에 꽃눈이 맺히고 그 후에 꽃이 피는데 다만 봄에 그 일들을 다 보지 못하기 때문에 그렇게 보이는 거랍니다. 일 년을 두고 보면 꽃이 잎보다 한참 늦게 핀다고 말하는 게 맞습니다.

식물은 온도나 낮의 길이를 인식해 꽃을 피우는 시기를 결정하는데요. 가을에 잎이 떨어지기 전에 그 잎에서 나온 개화호르몬이 수액관을 타고 꽃망울을 만드는 가지 곳곳으로 퍼져갑니다. 그렇게 맺힌 꽃눈이 막상 꽃을 피울 때가 되면 겨울이 닥칩니다. 꽃눈은 추운 겨울 동안 낮은 온도에 있다가 온도가 높아지는 환경변화가 오면 봄이 온 것을 직감하고 개화호르몬인 플로리젠이 나와 꽃을 피우게 합니다.

이런 현상은 개화에 필요한 온도 때문에 생깁니다. 겨울처럼 장기간 저온 상태를 거쳐야 꽃을 피우는 특성 때문입니다. 이렇게 일정 기간 추운 날씨를 필요로 하는 것을 '춘화'라고 하는데요. 열매나 꽃을 위해 인위적으로 저온처리를 하면 '춘화처리', 자연스레 되는 것을 '자연춘화'라고 해요. 춘화과정이 필요한 식물들이 그 과정을 거치지 못하면 꽃을 피울 수 없습니다. 만약 겨울에 접어들기 전에 온실에 옮기면 낮은 온도를 겪지 않아 꽃을 피우지 않습니다. 가을에 파종하는 보리의 경우 겨울을 거치지 않으면 꽃을 피우지도 이삭을 맺지도 못합니다. 튤립이나 백합도 추운 겨울을 견뎌야만 아름다운 꽃을 피울 수 있다고 하네요.

식물은 온도가 낮의 길이를 인식해 꽃을 피우는 시기를 결정하는데요. 시금치나 홍당무처럼 낮이 길 때 꽃이 피는 장일식물이 있고, 나팔꽃이나 코스모스처럼 낮이 짧을 때 피는 단일식물도 있고, 낮의 길이와 상관없는 중일식물도 있습니다. 식물에는 1년 주기를 인식하는 생체시계가 있어 낮의 길이를 가늠합니다.

식물은 동물처럼 좋은 환경을 찾아 옮겨 다니지 못합니다. 개나리 같은 경우 잎으로부터 영양분을 얻지 못해 꽃가루도 적고 꿀도 별로라 다른 식물과의 경쟁에서 불리합니다. 그래서 꽃가루를 퍼뜨리려면 꽃이라도 남보다 일찍 피워야 할 속사정이 있습니다.

제한된 여건 속에서도 꽃눈을 미리 준비한 채 한겨울의 추위를 씩씩하게 잘 견뎌내고, 때가 되면 봄의 따스한 햇빛을 받아 아름다운 꽃을 피워내는 봄맞이 꽃들을 보고 생각합니다. 우리가 비록 냉혹한 현실에 처해 있다 해도 그게 다 삶에 필요한 '춘화과정'이라 생각하고, 희망의 꽃눈을 품은 채 묵묵히 어려움 잘 견뎌내고, 언젠가 때가 이르면 하나님 앞에 아름다운 꽃 다복다복 피워 올려 드렸으면 좋겠습니다.

"인내를 온전히 이루라
이는 너희로 온전하고 구비하여
조금도 부족함이 없게 하려 함이라
야고보서 1:4 "

가장 좋은 선물

졸업, 입학 시즌에는 선물들을 많이 받게 되는데요. 신세계닷컴의 조사에 따르면 중고생들은 스마트폰, 대학생들은 노트북을 가장 원한다고 합니다. 여성은 특별히 현금이나 상품권을 좋아하는 것으로 나타났는데요. 여성이 돈만 밝힌다고 보지 말았으면 좋겠습니다. 자중손실을 줄이려는 합리적인 선택일 수도 있거든요.

'자중손실deadweight loss'이란 사회적 순손실을 의미합니다. 자중自重이란 차량 자체의 중량을 뜻하는데, 짐을 전혀 싣지 않아도 그 무게는 나가니까 총 운반 가능 중량에서 자체 중량은 빼주어야 하겠죠. 그냥 없어져버린 사회적 잉여가 이와 성격이 비슷하다고 여겨 그런 이름을 붙인 것입니다. 결핍시대에는 웬만한 선물도 고마웠지만, 지금은 풍요의 시대라 웬만한 물건들은 다 있죠. 통계에 따르면 우리가 사용하고 있지 않은 물품 3개 가운데 한 개는 선물, 사은품 등 직접 구입하지 않은 것이라고 합니다.

정서적 측면을 빼고 보면 현금이 아닌 물건 선물은 사회적 효용을 떨어뜨립니다. 대부분의 사람은 선물이 공짜라 좋아하지만 주는 사람보다 그 가치를 낮게 평가하는데 그 차액이 자중손실이 됩니다. 받을 사람이 뭘 원하는지 모를 경우 그 차이가 커지고 원치 않는 선물일 경우 사회적 손실은 더 커지게 되죠. 들인 비용에 비해 수혜자가 얻는 효용이 작다는 말입니다. 선물이 내게 필요하지 않은 것이면 준 사람 성의를 생각해 처분하지도 못하고, 쌓아두게 돼 결과적으로 자원을 낭비하게 되니까요.

좋은 선물의 기준은 가격대가 아니라 주고받는 기쁨과 그 물건에 담긴 정성에 있을 것입니다. 비싼 선물, 의례적인 선물보다는 사랑과 정성이 담기고 상징적인 의미가 있는 선물, 그리고 그 사람에게 꼭 필요해 자중손실을 줄이는 선물이 현명한 선물이 아닐까요?

선물은 매체입니다. 선물이라는 간접대화를 통해 사람들은 소통합니다. 축하하거나 혹은 기념하고, 사랑과 존경과 감사를 표현하기도 하고, 인간관계를 강화하는 데 대개 선물을 합니다. 어떤 의도를 내비치거나 대가를 요구해 목적에 따라서는 뇌물이 되기도 하지요.

요즘 아들 녀석이 바쁜 중에도 여자 친구에게 교제 천 일 기념 선물로 준다고 색종이로 거북이를 접어 모으고 있습니다. 역할이 뒤바뀐(?) 듯하네요. 특별한 선물을 줄 때마다 여자 친구는 어김없이 눈물을 흘리는데 천 마리의 종이거북이를 받을 때도 아마 울 거라나요? 그런데요. 정말 눈물 날 정도로 감동이 있는 선물을 받아보신 적이 있으신가요? 저는 있어요. 때로는 내게 과분하다 싶어 길을 걷다가도, 밥을 먹다가도 눈물이 울컥 솟는답니다. 뭐냐고요? 가족, 일, 교회…… 제게는 선물 아닌 게 하나도 없어요.

누군가는 우리에게 가장 좋은 선물 present은 오늘 우리에게 주어진 현재 present라고 말했는데요. 모든 현재가 모두 최상의 선물일 수는 없죠. 방향을 잃거나 목적을 잃은 현재는, 오히려 인생을 무의미하게 만들 수도 있을 거예요. 그래서 저는 우리의 현재를 의미 있고 가치 있게 만들고 선물을 선물답게 만드는 최고의 선물은 예수님이라고 생각해요. 그분 안에서 인생의 방향과 목적지를 찾게 된다면 현재는 우리의 인생을 복되게 하는, 그야말로 최상의 선물이 될 수 있을 거예요. 진정으로 기억에 남는 좋은 선물을 하고 싶으시면 예수님꾸러미를 선물하세요. 그 분 안에 모든 것이 자중손실 없는 종합선물세트로 들어 있으니까요.

민들레

　따사로운 햇살과 부드러운 봄바람이 대지를 쓰다듬으면 대지는 그 품에 간직했던 싹을 살며시 틔워 내놓습니다. 작고 어린 새싹이 겨우내 굳어있던 땅을 뚫고 나온다는 점에서 시인 박노해가 〈봄의 승리〉에서 노래한 대로 '강하고 굳센 것들은 결국 부드러운 것을 이기지 못한다'는 것을 새삼 깨닫습니다.

　'행복'이라는 꽃말을 가진 민들레가 요즘 들판에 지천으로 피어있는데요. 권정생의 〈강아지똥〉은 민들레꽃과 강아지똥의 만남이 어떤 아름다운 결과를 가져왔는지를 그린 동화입니다.

　돌이네 흰둥이가 골목길 담 밑 구석에 똥을 누고 갑니다. 강아지똥은 태어나서 처음으로 만난 참새에게 더럽다고 외면당해요. 속상하고 창피하고 밉고 화도 납니다. 흙덩이도 "세상에서 가장 더러운 개똥"이라고 놀립니다. 울음보를 터뜨리자 흙덩이가 미안해하며 "하나님은 쓸데없는 물건은 하나도 만들지 않으셨어. 너도 꼭 무엇엔가 귀하게 쓰일 거야."라는 말을 해 주죠. 강아지똥은 작은 희망을 품습니다.

　긴 겨울이 지나 봄이 오자 엄마 닭이 병아리들을 데리고 나옵니다. 무언가 의미 있는 삶을 살고자 고민하던 강아지똥은 닭의 모이로 자신을 주려 하나 거절당하고 병아리들의 먹이라도 되어 주려 하나 그마저 거절당해요. 강아지똥은 풀이 죽은 채 자신이 아무짝에도 쓸모없는 하찮은 존재라는 것을 슬퍼하며 하나님을 원망합니다. 그러다 문득 눈부신 별들을 보며 '영원히 꺼지지 않는 아름다운 별빛'만 가지면 슬프지 않을 것 같아 가슴에 그리운 별의 씨앗을 하나 심습니다.

　비가 내리자 민들레 싹이 하나 솟아납니다. 민들레가 거름이 있어야 꽃을 피울 수 있다고 말하자 강아지똥은 벅차오르는 기쁨에 "내가 거름이 되어 별처럼 고운 꽃이 피어난다면 온몸을 녹여 네 살이 될게."라면서 민들레를 꼬옥 껴안습니다. 사흘간의 봄비에 기꺼이 잘디잘게 부서져 스며든 강아지똥의 눈물겨운 사랑으로 민들레는 예쁜 꽃을 피웁니다.

작가는 이 작품에서 길가에 버려진 강아지똥도 버려진 존재가 아니라 남을 키워내는 귀중하고 살아 있는 영혼이라는 것을 보여주고 있습니다.

가장 낮고 천하고 혐오스러운 강아지똥에게 주목하고 그의 존재가치에 대해 의미를 부여한 휴머니스트 작가 권정생님의 마음은 마치 봄 햇볕처럼 따사롭습니다. 가난과 숱한 질병을 몸소 경험한 그는 작고 보잘것없는 것들에 대한 따뜻한 애정을 담아 굴곡 많은 역사를 살아온 사람들의 삶을 보듬는 진솔한 글을 썼습니다. 그의 동화들은 우리의 현대사이며 버림받고 상처받고 소외당하는 이웃들의 이야기입니다. 그는 예수의 사랑을 세상에서 가장 천하다 여겨지는 것들에 대한 무한한 애정으로 형상화해 독자들에게 깊은 감동을 주었습니다. 그는 유명 작가의 반열에 올랐지만 별세 직전까지 20년 넘게 조탑리의 5평 오두막에 살면서 〈강아지똥〉의 '희망'을 말하되 스스로를 한없이 낮추며 살았습니다. 삶과 글로써 버림받은 자들, 생활의 전면에서 이탈되어 가는 사람들을 주목하여 그들도 우리의 삶을 구성하는 중요한 일원임을 일깨워준 작가의 따스함을 민들레꽃을 보면서 함께 느껴보면 좋겠습니다.

그리고 남들이 조롱하고 멸시하고, 스스로 비천하게 여겨질지라도 너무 마음 상해하지 마시고 별을 바라보며 희망의 씨앗을 품었던 강아지똥처럼 하늘을 바라보며 희망을 간직하세요. 여러분에게 미래와 희망을 주시기 위해서 주님께서 따스한 마음으로 여러분을 지켜보고 계시니까요.

"너희를 향한 나의 생각은 내가 아나니 재앙이 아니라 곧 평안이요
너희 장래에 소망을 주려 하는 생각이라 예레미야 29:11"

나무를 심은 사람

장 지오노의 〈나무를 심은 사람〉은 실화소설인데요. 평범한 한 사람에 의해 세상이 어떻게 변할 수 있는지를 보여줍니다.

엘지아르 부피에는 평야지대에서 농장을 경영하던 사람이었으나 외아들과 아내를 연거푸 잃고 외딴 곳에 들어옵니다. 그는 나무가 부족하여 땅이 죽어가고, 인간의 심성마저 메마르고 황폐하고 포악해진다는 사실을 깨닫고 하루 100개씩 3년간 황무지에 10만 개의 도토리를 심어요. 그리고 산 곳곳에 40년 간 너도밤나무, 자작나무, 떡갈나무 등을 가꾸어 울창하고 아름다운 삼림을 조성하였습니다. 그러자 만 명이 넘는 사람들이 들어와 마을에는 행복과 희망과 평화가 찾아왔습니다. 사람들의 분별없는 욕망으로 폐허가 된 마을들, 숯을 만들어 팔기 위해 나무를 마구 베어 살벌한 바람만 불어대는 버림받은 황량한 땅이 한 양치기 노인의 외롭고 헌신적인 노력으로 골짜기에 맑은 강물이 가득히 흐르며, 부드럽고 향기로운 바람이 불며, 새들이 지저귀는 생명의 땅, 아름다운 삶의 터전으로 거듭난 것입니다.

노인은 나무를 심는 것을 자신이 마땅히 해야 할 중요한 일이라고 생각했고, 아무런 보상도 바라지 않고, 확신 가운데서 꾸준히 나무를 심었습니다. 그는 세상을 살리는 창조주 같은 사람이었습니다. 그는 농부였고, 양치기였으며, 그나마 가족도 없이 가진 것이라곤 자기 몸밖에 없었습니다. 사회적 영향력을 끼치기에는 미약한 존재였지만 아무 기술 장비도 없이 혼자 숲을 가꿔 황무지를 가나안으로 바꿀 수 있을 만큼 그가 끼친 영향력은 막대했습니다. 이런 사람이 진정으로 세상을 변화시키는 사람입니다.

작가는 사람들이 나무를 심기를 바라서 이 소설을 썼다고 합니다. 그는 이 소설에서 이기주의, 경쟁, 욕심으로 점철된 사람들의 악한 품성과 두 차례의 세계대전이 인간과 자연에 어떤 주름을 남기는지, 자연은 어떻게 회복되는지, 인간성은 자연 변화에 어떻게 반응하는지를 담담하게 서술하였습니다.

신앙인이든 아니든 누구에게나 내면에 창조적인 하나님의 속성을 지니고 있습니다. 굳이 나무가 아니더라도 심을 것은 많지요. 적어도 현재 엘지아르 부피에 노인보다는 더 좋은 여건 속에 계신 여러분은 무엇을 심어 세상을 아름답게 변화시키고 싶으신지요?

전 세계에서 나무가 자랄 수 있는 지역은 육지의 30%밖에 안 된다고 합니다. 열대지역을 제외하고 국토의 반 이상이 산림인 나라는 우리나라, 일본과 북유럽의 3-4개국 정도라고 해요. 우리나라는 축복받은 땅이죠.

산림은 인체와 떼려야 뗄 수 없는 유기적인 관계를 맺고 있습니다. 나무는 자라면서 대기 중에서 온난화의 주범인 온실가스를 흡수 저장하는 온실가스 저장고이자 자연의 에어컨이며, 친환경 건축자재인 목재의 공급원이자 현대인의 마지막 휴식처이자 지구환경보호의 파수꾼이라 할 수 있습니다.

우리나라 국민 한 명이 평생 600여 그루의 나무를 심는다면 각자 생활하면서 배출한 온실가스를 다시 흡수할 수 있다고 하네요. 그리고 보니 우리가 나무에 빚지고 사는 존재네요. 식목일이 가까워 오는데요. 봄날의 정취를 만끽하시면서 꽃을 보러 혹은 건강을 위해 등산도 많이 가시고 산을 즐기시는 만큼 나무에 대한 관심과 사랑도 좀 보여 주시면 좋겠습니다.

나무가 우리에게 가르칩니다

강원도에 다녀왔습니다. 강원도의 산에는 소나무가 유난히 많지요. 같은 소나무인데도 어떤 것은 하늘 높이 솟아 있고, 어떤 것은 옆으로 넓게 가지를 펴고 자랐고, 어떤 것은 구부러져 있어 모양새가 각기 달랐습니다. 바로 놓인 위치에 따라서지요. 나무도 사람처럼 주변 환경의 영향을 받는 것입니다. 그들의 각기 다른 모양새는 지나온 삶의 흔적들이었습니다. 공원에서 가꿔져 아무 근심 없이 쭉쭉 자란 나무들, 비옥한 토양에다 주변에 햇볕을 가리는 다른 나무가 없어 마음껏 가지를 뻗고 잘생긴 외양을 과시하는 나무보다는 토양이 비옥하지도 깊지도 않은 산꼭대기에서 나 구부러지고 못생긴 나무에 눈길이 더 갔습니다. 오랜 기간 추위와 더위, 비바람과 눈서리를 남보다 더 맞으면서도 태어난 운명의 자리에서 순응하며 바람이 불면 구부러지기도 하고 낮아지기도 하며 뿌리를 깊이 키우며 버텨온 나무들이 제 눈에는 더욱 귀해보였던 것이죠. "못생긴 나무가 산을 지킨다"라는 말도 있는데요. 스스로 못났다고 생각한다면 나무에게서 배울 게 있습니다. 인생의 온갖 풍상들이 우리의 내적 능력을 더 견고하게 해 주고 하나님께 더욱 귀하게 쓰임 받을 수 있다는 것이지요.

나무가 우리에게 가르칩니다. 나무가 자라려면 햇빛과 물과 비옥한 토양이 필요하듯이 우리에게도 하나님의 은혜가 필요하다고. 나무들이 적당한 간격을 유지해야 서로 건강하게 자라듯 사람들도 적당한 거리가 필요하다고. 나무끼리 어울려 뿌리가 엉겨 서로를 지탱해주듯 사람은 서로가 어울려야 한다고. 어울리면 혼자일 때보다 더 멋진 숲이 될 수 있다고. 비록 원치 않은 환경에 놓였어도 원망하지 말고 순응하라고. 혹독한 눈보라가 닥쳐도 피하거나 숨으려 하지 말고. 하나님이 허락하신 그 자리가 바로 네가 서 있어야 할 자리이니 거기에 굳건히 서 있으라고. 나무가 사나운 비바람 속에서 더 뿌리를 깊이 내리고 견고해지듯 생의 시련도

잘 견디라고, 온갖 풍상에 더러는 휘고 가지가 꺾이더라도 중심만은 잃지 말고 살라고,
삶의 꽃이 떨어졌다고 슬퍼하지 말라고, 곧 열매가 열릴 테니까, 철따라 봄에는
꽃, 여름에는 무성한 잎, 가을에는 단풍, 겨울에는 안식이 있듯이 인생에도
그런 때가 있다고, 나무가 잎 내고 꽃 낼 때, 잎 떨구고 열매 맺을 때를 알 듯이
우리도 시대를 분별하고 준비하라고, 누군가에게 가지가 잘려 모든 것이 끝난 것처럼
보여도 뿌리와 줄기만 있으면 다시 잎을 내고 새로 시작할 수 있다고 나무가 하늘
향해 뻗쳐오르듯 우리도 위의 것을 추구하며 자라라고, 나무가 늘 하늘 향해 팔을 들고 서
있듯 우리도 늘 기도하라고, 줄기에 가지가 꼭 붙어 있어야 열매를 맺는다고,
살아서 잘난 척하지 말고 죽었을 때 몸통과 나이테로 평가받으라고, 그 무엇보다도
심은 대로 거둔다고, 그 나무에 그 열매라고.

사순절

사순절 마지막 주는 고난주간으로 지킵니다. 사순절은 영어로 'Lent'인데요, 그 어원은 '만물의 소생'으로, 그리스도의 수난을 통해 인류에게 주어진 영원한 생명을 의미합니다.

4세기부터 로마 가톨릭 교회는 사순절에 의무적으로 교인들에게 금식, 금욕을 시켰는데요. 이것을 고통의 멍에로 여긴 이들은 사순절 직전에 3일간 카니발을 열었습니다. '카니발'은 라틴어로 '육체의 위로'라는 '카르네스 레반데스'에서 파생된 말입니다. 사순절 전에 마음껏 먹고 마시고 놀자는 풍조가 생기자 교황 그레고리우스가 사순절 시작 주일을 '육체를 위로하기 위한 주일'이라고 공식적으로 선포한 데서 나온 말입니다. 형식적 전통을 고수하려다 보니 맹목적이 되어 애초의 종교적 의미로부터 한참 동떨어진 광란의 카니발을 허용하게 된 셈입니다. 무제한적인 육체의 쾌락에 탐닉한 이후 경건생활에 돌입한다는 것도 이율배반적이죠. 결국 금식, 금욕은 오래 전에 사라져 버리고 사순절과 관련된 비본질적인 전통인 카니발만 지금까지 남았습니다.

카니발과 함께 쓰이는 '사육제 謝肉祭'란 말은 라틴어의 카르네 발레 carne vale:고기여, 그만 또는 카르넴 레바레 carnem levare:고기를 먹지 않다, 이탈리아어의 carnevale 고기를 금한다 에서 왔습니다. 고기를 좋아하는 사람에게는 고기를 먹고 싶은 육체의 기본적인 욕구를 절제하는 것도 고난이 되겠죠. 인간의 육신을 입고 이 땅에 오신 주님께서도 공생애를 시작하시기 전에 성령의 이끌림을 받아 광야에서 40일간 금식하셨습니다. 성령을 거스르는 육신의 소욕을 철저히 다스리는 시간을 가지신 것입니다. 육신을 가진 우리에게 본능적인 육의 소욕을 다스리는 일은 매우 고통스러운 일입니다.

오늘날 개신교도들은 사순절을 앞두고 카니발을 벌이지도 않지만, 그렇다고 해서 금식이나 금욕을 시행하지도 않아 그 정신이 흐려지고 있습니다. 비록 정신세계보다 몸을 중시하는 현대 사회를 살아가지만 우리 그리스도인들은 사순절의 본질을 잘 깨닫고 금욕과 참회의 전통을 되살려 내 삶에서 무엇이 잘못되었는지 깊이 생각해 보는 기간이 되었으면 좋겠습니다. 우리 자신에게 사순절이 아무 의미를 지니지 못한다면 주님의 고난과 부활도 아무 의미가 없다는 말이 되니까요.

어떤 성도가 제게 꿈 이야기를 해 주었습니다. 꿈속에서 손에 가시가 찔려 너무 아파서 울고 있는데 주님이 나타나 "너는 그것을 아프다고 울고 있느냐? 나는 너를 위해 십자가에서 고난을 당했다."이렇게 말씀하셨다고 합니다. 이처럼 우리는 육신의 문제로, 손에 가시가 박힌 것 같은 작은 삶의 문제로 고통스러워 울 때가 많은데요. 이번 한 주 동안은 내 문제를 떠나 주님의 고난을 깊이 생각하며, 함께 경험하며, 사순절 마지막 날인 부활주일 아침에는 모든 현실의 고통스러운 문제를 다 날려 주실 부활의 주님을 영접했으면 좋겠습니다.

"너희는 성령을 좇아 행하라
그리하면 육체의 욕심을 이루지 아니하리라
육체의 소욕은 성령을 거스르고 성령의 소욕은
육체를 거스르나니 이 둘이 서로 대적함으로
너희의 원하는 것을 하지 못하게 하려 함이니라
갈라디아서 5:16, 17"

고난주간 성금요일

성금요일은 주님께서 십자가에 달리신 날을 기념하는 날입니다. 경건한 그리스도인들은 오늘 하루 금식하고 회개하면서 주님의 고난을 묵상하면서 보내고 계실 줄 압니다.

모든 생명은 죽음에서 나옵니다. 어떤 나무도 꽃도 열매도 곡식도 씨앗의 죽음이라는 대가를 치르지 않은 것이 없습니다. 아담과 하와가 에덴동산에서 범죄한 이후에 하나님과의 관계회복을 위해 다른 동물에게 자신들의 죄를 전가시켜 대신 죽여 피의 제사를 드리고 그 가죽으로 옷을 만들어 입었는데요. 이처럼 고대의 어느 나라 어느 인종이든 희생제물로 동물이나 사람을 드린 사실은 신과의 관계를 맺기 위해서는 모종의 죽음을 필요로 한다는 것을 밝혀 줍니다. 하지만 죽음은 그리 쉬운 일이 아닙니다. 주님이 예로 드신 밀알의 경우를 볼까요.

일단 땅에 떨어져 깊이 파묻혀야 하고, 어둡고 답답한 과정을 겪어내야죠. 그 다음에는 반질반질하고 단단한 껍질이 썩어야 하고요. 썩을 때 땅의 열기도 후끈하겠죠. 밀알은 땅 속에서 자신의 생명을 아름답게 만들었던 모든 것들을 상실합니다. 컴컴한 곳에서 공기와 빛과 자유를 갈망하며 밀알은 자신을 지탱할 뿌리를 깊이 내린 후에야 비로소 새 생명의 싹을 틔웁니다. 무한한 생명의 잠재력을 지닌 씨앗이지만 죽지 않으면 생명의 새로운 역사를 이룰 수 없습니다.

이처럼 우리의 옛 자아가 십자가에 못 박혀 그리스도와 함께 죽어야 새 생명의 역사가 이루어집니다. 그 사실을 믿을 때 비로소 우리는 주님과 연합한 상태로 새로운 삶을 살아갈 수 있게 될 것입니다. 진정 그리스도와 우리가 연합되었다면 그리스도는 부요하고 우리는 가난할 수 있겠습니까. 그리스도는 고난당하고 우리는 편할 수 있겠습니까. 그리스도는 영생하고 우리는 유한하겠습니까.

고대 그리스의 철학자 아르키메데스는 시라쿠사의 왕 히에론의 명에 따라 왕관이 순금으로 만든 것인지를 조사하게 됩니다. 그는 고심하던 중에 우연히 목욕탕에서 물에 들어가면 몸이 가볍게 느껴짐을 깨닫고 부력의 원리를 발견하게 됩니다. 기쁜 나머지 "유레카!" 라고 외치며 발가벗은 채 달려 나온 아르키메데스는 왕관과 또 그것과 같은 질량의 금을 따로따로 물속에 담그고 넘쳐 흘러나온 물의 부피를 측정하였습니다. 그리고 왕관을 넣은 쪽에서 흘러나온 물이 더 많다는 것을 근거로 왕관이 순금으로 만들어지지 않았다는 것을 알아내었습니다.

왜 주님께서 십자가에 손과 발에 못이 박히고 피를 흘려야 했을까요. 아르키메데스의 원리를 적용해본다면 하나님의 독생자 예수 그리스도가 우리를 위해 십자가에 못 박히셨다는 사실은 첫째, 그만큼 우리의 손과 발로 지은 죄가 사형에 해당할 정도의 중죄라는 것, 둘째, 대신 죽어줄 만큼 우리를 사랑하셨다는 것을 의미합니다.

4·19 혁명 기념일

4·19혁명 기념일은 제1공화국 당시 자유당 정권의 부정부패와 독재 치하에서 1960년의 3·15 부정선거가 도화선이 되어 전국의 학생들이 떨치고 일어나 자유와 정의를 쟁취한 것을 기념하기 위해 제정한 날입니다. 자유·민주·정의를 기치로 내걸고 독재정권의 불의에 항거하여 제2공화국의 출범을 보게 한 역사적 전환점이 된 4·19혁명의 숭고한 정신을 기리기 위해 매년 국가보훈처 주관으로 다양한 기념행사를 합니다.

인류는 자유를 쟁취하고 민주주의를 더 넓게 더 철저하게 실현하고자 그동안 많은 대가를 지불해왔습니다. 17세기에 네덜란드 시민들이 자신들을 압제하던 에스파냐와 싸워 실력으로 자유를 얻어 오랜 탄압에서 벗어났으며, 영국은 명예혁명으로 의회 민주주의를 출발시켰으며, 18세기에 미국은 영국으로부터 독립하기 위한 독립 운동으로 민주주의를 발전시켰고, 프랑스는 시민들이 주체가 되어 혁명을 일으켜 왕을 몰아내 봉건제를 종식시키고 민주주의를 쟁취하였습니다.

우리나라의 4·19혁명도 학생들과 시민들이 자유정부를 향유하고자 치른 크나큰 희생입니다. 국민의 열망과는 달리 또 다시 군사정권으로 이어져 4·19혁명은 미완의 혁명으로 끝났지만 당시 학생들의 민족적 각성, 용기, 애국심은 고귀한 정신으로 길이 기려야 할 것입니다.

미국 독립투쟁 시기의 전설적인 웅변가 패트릭 헨리는 영국의 아메리카 식민지에 대한 탄압에 저항할 민병대를 조직하기 위한 모임에서 "내게 자유가 아니면 죽음을 달라!"라고 외쳤습니다. 노예상태에서의 안락과 평화보다는 힘들더라도 자유인으로 살기를 바랐던 것이죠. 자유란 이처럼 목숨을 걸고 쟁취할 만큼 소중한 정신입니다.

안타깝게도 사람들이 목숨을 걸고 혁명을 일으켜 쟁취한 그 자유는 제한된 육신의 자유, 정치적 자유일 뿐입니다. 그보다 더 무서운 것은 영혼의 부자유입니다. 여러분은 육적 자유를 갈망하는 만큼 영적 자유를 쟁취하기 위해서도 목숨을 걸고 피흘리기까지 투쟁하십니까?

우리는 자유를 내 마음대로, 하고 싶은 대로, 누구에게 방해받지 않고, 예속되지 않고 사는 것이라고 생각합니다. 하지만 우리가 누리는 것은 일정한 범위 내에서의 생각과 행동의 자유일 뿐, 우리는 우리도 모르는 사이에 많은 것에 얽매여 살고 있습니다. 사상, 경험, 감정, 지식, 직장, 관습, 도덕, 윤리, 법, 명예, 지위, 관계, 일, 물질, 가정, 배우자, 부모, 자녀 등등……. 무엇보다도 인간은 죄에 얽매어 있는 존재고 사단의 권세 아래 묶여 있는 존재입니다. 이처럼 우리는 자유한 듯하면서도 자유하지 못한 존재입니다. 진리이신 예수 그리스도를 아는 것이 진정한 자유의 비결입니다.

"너희가 내 말에 거하면
참 내 제자가 되고 진리를 알지니
진리가 너희를 자유케 하리라

요한복음8:32"

장애인의 날

1967년 17세의 운동선수 조니 에릭슨은 다이빙을 하다가 사고를 당해 목 아래로 전신이 마비되었습니다. 그녀는 좌절, 원망, 분노, 그리고 자살하고 싶은 침체까지 인간이 겪을 수 있는 모든 감정에 휩싸였습니다. 하지만 그녀는 성경을 재발견한 후 블랙홀에서 빠져나와 입으로 그림을 그리기 시작했으며, 장애를 가진 사람들을 후원하는 모임도 만들었습니다. 그는 자기처럼 움직이지 못하고 무력하며 마비된 채 십자가에 달리신 예수님을 환상으로 보았고 그때부터 부활에 대한 소망을 가졌습니다.

"나는 이제 미래에 대한 소망이 있다. 성경은 우리의 몸이 하늘에서 영화롭게 된다고 말한다. 그때는 내 발로 춤을 출 것이다. 손가락은 오그라들어 구부러지고, 근육은 쇠약해지고, 무릎은 뒤틀리고, 어깨 아래로는 아무 감각이 없는 내가, 언젠가는 가볍고 밝고 눈부신 의로 옷 입은 새 몸을 갖게 될 것이다. 이것이 나처럼 척추를 다친 사람에게, 뇌손상을 입은 환자, 혹은 조울증 환자에게 어떤 소망을 주는지 상상할 수 있는가? 다른 어떤 종교나 철학도 새로운 몸과 정신을 약속하지 않는다……."

4월 20일은 장애인의 날입니다. 장애를 가진 분들의 소원은 단 한 가지, 오직 장애를 고치는 것이라고 합니다. 그런데 어떤 분이 그러더군요. 예수님을 만난 후에는 그런 기도를 한 적이 없다고요. 자신을 향한 주님의 사랑이 너무 귀한 것을 깨달았기 때문이라고 합니다.

우리는 신체적 장애만큼 정신적·영적 장애를 민감하게 감별하지 못하는데요. 엄밀히 말하자면 어느 누구도 장애에서 자유로울 수 없습니다. 비록 신체적으로는 결함이 없다 해도 세상의 그 누가 정신적·영적으로 완전하다고 자부할 수 있겠습니까. 다만 정도 차가 있을 뿐이죠. 누구나 보이든 보이지 않든 장애가 있고, 또 장애의 가능성을 열어놓고 사는 예비 장애인들입니다. 장애인의 90%정도가 후천적인 원인이라고 합니다.

    장애인의 날을 맞이하여 장애인들뿐만 아니라 노약자, 소외된 자들에 대한 편견과 차별의식을 버리고, 그분들을 시혜와 동정의 대상이 아니라 인권의 당당한 주체로 인정해 주는 태도를 가졌으면 하는 바람입니다.

    장애에도 불구하고 오히려 장애를 디딤돌 삼아 수많은 장애인들과 비장애인들에게 희망의 빛을 뿌려주고 있는 인간승리의 주인공들의 말을 들어볼까요?

"장애는 불편일 뿐 불행은 아니다."

"시력을 잃은 게 내 삶의 최고 자산이 되었다."

"시력을 잃었지만 비전을 잃은 적은 없다."

"장애인도 마음만 먹으면 모든 것을 할 수 있다.
상황은 어쩔 수 없지만 마음은 조절할 수 있기 때문이다."

"사람이란 누구든 다른 이에게 줄 수 있는 어떤 것을 가지고 있다.
두 팔이 없다는 사실이 가수로서의 내 목소리에 영향을 주진 않잖나?"

"남의 이야기를 들어주고 함께 기뻐하고 함께 슬퍼할 수
있다는 것만 해도 하나님이 내게 주신 특권이다."

"장애는 남들에게 무시당할 이유가 아니다. 다른 사람에게
의존하려는 마음을 싹부터 도려내야 한다."

"시련이 오더라도 끝이 있다고 생각하면 견디기 쉽다."

긍정적 몸인식

의사인 데비 샤피로가 쓴 〈마음으로 몸을 고친다〉라는 책에 이브 맥도날드 간호사의 예화가 나옵니다. 그녀는 간호사 시절에 근위축성 측삭경화증이라는 진단을 받았는데요. 휠체어에 의지하여 6개월밖에 살 수 없다는 통고를 받은 후 그녀는 죽기 전에 한 번만이라도 조건 없는 사랑을 경험하고 싶어 했습니다. 그 소원이 이루어지려면 먼저 자신과 자신의 몸을 사랑해야 한다는 사실을 깨달았지만 거울을 통해 병든 자신의 모습을 보는 순간 그게 결코 쉽지 않다는 것을 알았습니다. 고통스런 시간을 보낸 후 그녀는 매일 자기가 받아들일 수 있는 신체의 한 부분을 선택했습니다. 언제 변화가 일어날지는 모르지만 한 부분씩 긍정적인 생각을 하게 되었습니다. 그러던 어느 날 그녀는 외쳤습니다. "거울에 비치는 나의 발가벗은 모습이 얼마나 아름다운고!" 신기하게도 이때부터 이브의 몸은 퇴행을 멈추고 증세가 호전되기 시작했다고 합니다. 이처럼 우리의 생각과 말들은 씨앗과 같아서 발아하고 성장합니다. 샤피로는 "우리의 몸은 우리가 생각하는 대로 이루어진다."라고 말합니다.

'살아 있는 팝의 전설', '현존하는 최고의 뮤지션'이라 불리는 스티비 원더는 인큐베이터에서의 산소과다공급으로 눈의 망막이 상해 시각 장애인이 되었습니다. 초등학교 시절, 교실에 들어온 쥐를 스티비가 청각으로 찾아내자 담임선생님은 "너는 다른 사람에게 없는 놀라운 능력을 갖고 있다."라고 격려했습니다. 그는 이 말을 가슴에 담고 꿈을 가지고 음악적 재능을 키워 나가게 됩니다.

장애인 복지증진에 기여한 공로로 국민포장을 받은 구두 장인 남궁정부 씨는 장애인용 구두를 만드는 분이신데요. 그분은 사고로 오른팔을 잃었는데도 "오른팔이 없는 게 아니라 오른팔만 없는 거지, 오른팔 빼고 다 있다." 이렇게 긍정적으로 말하면서 왼팔로 세계에 단 하나뿐인, 그 사람만을 위한 구두를 만들어 5만 명의 장애인에게 웃음을 선사했다고 하네요.

건강하기를 원하신다면 자신에 대해서 긍정적으로 생각하고 말해줄 필요가 있습니다. 만약 자신의 몸에 부정적인 태도를 가지셨다면 스티비 원더처럼, 남궁정부 씨처럼 없는 부분을 보지 말고 있는 부분을 보고, 간호사 이브처럼 몸의 한 부분부터라도 선택해 긍정적으로 생각하고, 아름답다고 말해주는 의식의 전환을 해 보면 삶이 어떻게 될까요?

"나에게 이르시기를 내 은혜가 네게 족하도다
이는 내 능력이 약한 데서 온전하여짐이라 하신지라
그러므로 도리어 크게 기뻐함으로
나의 여러 약한 것들에 대하여 자랑하리니
이는 그리스도의 능력이 내게 머물게 하려 함이라 고린도후서 12:9"

행복의 첫 단추

한국인은 자신을 다른 사회 구성원들과 끊임없이 비교해 남을 이기는 것이 행복해지는 길이라 생각한다고 해요. 박완서의 동화 〈마지막 임금님〉은 자기와 타인의 행복을 비교하다가 죽은 임금님 이야기입니다.

임금님의 자비로 백성들이 행복하게 살던 이 나라에는 '이 나라의 백성은 모두 행복할 권리가 있다. 단 임금님보다는 덜 행복할 이유가 있다'라는 독특한 헌법이 있었습니다. 임금님은 자기가 나라를 다스리느라고 고생하니까, 자기가 최고니까 그럴 자격이 있다고 생각했습니다. 그래서 백성들은 어떻게든지 임금님보다는 덜 행복해야 했습니다. 그런데 어느 날 임금님이 자기보다 더 행복해 보이는 사람을 만나게 돼요. 그는 마을의 촌장이었어요. 갑자기 자신이 덜 행복하게 여겨진 임금님은 그를 행복하게 만드는 요인들을 하나씩 다 빼앗아요. 촌장의 지위, 그의 재산, 예쁜 아내와 착한 아들딸들, 자유마저 빼앗고 감옥에 가두어요. 그런데도 그는 여전히 행복해했습니다. 그는 고통을 승화시키는 비결을 알고 있었거든요. 심지어 사약을 내려도 천국에서 가족을 만날 수 있다면서 기뻐하자 임금님은 질투에 사로잡혀 "너는 아직도 나보다 행복하구나." 하면서 이번에 지면 만회할 기회가 없다 여기고는 그가 내렸던 독배를 빼앗아 마시고 죽고 맙니다.

이 동화는 비교의 종말을, 행복은 외적인 환경이 아니라 마음에서 나온다는 것을 말해줍니다. 모름지기 임금님이라면 백성의 행복을 곧 자신의 행복으로 삼고 어떡하든 백성이 더 행복하도록 도와줘야 마땅할 것 같은데 모든 것에서 비교우위에 있으려 하니 이런 불행이 찾아오게 된 것 같습니다. 비교하는 한, 행복을 외적 조건에서 찾는 한, 인간은 늘 불행할 수밖에 없고, '마지막 임금님'처럼 죽어야만 비로소 불행에서 벗어날 수가 있게 될 것입니다. 나보다 나은 사람은 언제 어디서고 있게 마련이니까요. 그런데 나보다 더 행복한 사람은 절

대로 못 봐주는 고약한 마음의 소유자
인 그 임금님이 바로 우리 자신인지도
모르지요. 혹 배고픈 건 참아도 배아픈
건 못 참으시나요? 불행은 다른 사람과
자신을 비교하는 데서부터, 행복이 외
적 조건에 달렸다고 잘못 생각하는 순간
부터 비롯됩니다.

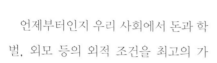

  언제부터인지 우리 사회에서 돈과 학
벌, 외모 등의 외적 조건을 최고의 가
치로 여겨 이를 추구하기 위한 경쟁이 무한으로 치닫으면서 너 나 없이 남들과
비교하고 또 비교되는 삶이 일상이 돼 버렸는데요. '상대적 빈곤감', 혹은 '상대
적 박탈감'이라는 말이 있습니다. 내가 가난해서가 문제가 아니라 비교해 보니
저 사람보다 내 소득이 적어서 문제가 되는 것이죠. 우리 눈에 보기에 부자도
남과 비교하다 보면 스스로는 가난하다고 느낄 수가 있어요. 부자에게 소원을
물어보면 "지금보다 조금만 더 버는 거."라고 대답한다고 해요. 부자의 정의는
'많이 가진 사람'이 아니라 '가진 것에 만족하는 사람'이라네요.
  학벌이든 물질이든 재능이든 명예든 외모든 배우자든 자녀든 남과 비교하지
않고 하나님이 분복을 따라 내게 주신 것을 족한 줄 알고 지금 주어진 현실에
감사하는 마음을 갖고, 단지 소유하는 데 그치지 말고 그것으로 남을 위해 무
언가 나누고 베풀어 주려는 마음을 갖는 사람이 진정한 부자고, 그런 마음이야
말로 행복의 첫 단추가 아닌가 싶습니다.

과학의 날

4월 21일은 과학의 날입니다. 국민들에게 과학기술의 중요성을 널리 알리고 모든 국민생활의 과학화를 촉진하고, 과학기술발전에 적극적인 동참을 유도하기 위해 제정하였습니다. 과학은 세상을 구하는 메시아, 세상을 파괴하는 악마의 화신이라는 두 얼굴을 지니고 있습니다. 원자력만 보더라도 전기를 싼 값에 쓰고 치료에도 사용하지만, 핵무기라든가, 방사능 유출로 인한 공포는 그 효과를 상쇄합니다.

근대 이후 인류는 눈부신 과학기술의 발달에 따른 물질의 풍요, 생명공학의 발달, 의학상의 진보, 유전자 조작 식품, 교통 및 통신수단의 발달, 새로운 에너지 개발, 컴퓨터의 발달, 지능 로봇 등 신과학기술이 제공하는 편익을 마음껏 향유하면서 살아가고 있습니다. 하지만 환경오염, 에너지 및 자원 고갈, 자연환경 파괴, 핵전쟁, 방사능 및 대량살상무기의 위험, 개인의 사생활 침해, 주택 및 교통난, 인간의 기계 예속, 소외, 인간정신의 황폐화 등과 같은 부작용을 낳기도 하였습니다.

과학은 인간의 육체를 편리하게 해 주지만 인간정신의 공허를 확장시키고 윤리적 삶에 매우 부정적인 영향을 미칩니다. 과학만능주의는 과학적 사고방식으로 인과관계를 규명할 수 없는 현상이나 이론의 가치를 인정하지 않습니다. 그 결과 오감으로 인식할 수도 없고 증명할 수도 없고 이성으로는 납득되지도 않는 신을 믿는 종교는 비과학적인 행위로 간주되고 과학과 이성이 신의 자리를 대신 차지하였습니다. 사람들은 더 이상 신을 필요로 하지 않게 되었습니다. 과학은 인류에게 행복을 가져다 줄 것 같지만 궁극적으로 인류를 구원하지 못하는 현대인의 가장 큰 우상이자 바벨탑입니다. 사람들이 과학이라는 우상을 섬기기 시작한 이래 과연 더 행복해졌나요?

과학자는 사물을 도구적 관점에서, 즉 기능과 효용과 경제성의 관점에서 바라보고 합리적으로 사용하기 위해 분석합니다. '분分'은 나눈다, '석析'은 쪼갠다는 의미죠. 분석을 통해 사물의 본질을 더 잘 이해할 수 있다는 것이 실험과 관찰을 선호하는 과학자들의 신념입니다.

하지만 쪼개는 것만이 능사가 아닙니다. 예를 들어 국어도 말하기, 듣기, 읽기, 쓰기로 쪼개서 공부합니다. 그러나 일생생활에서 언어생활을 할 때 어디 그렇게 나누어서 하나요?

지혜의 왕 솔로몬에게 찾아와 서로 아기를 자기 아이라고 주장하는 두 여인에게 솔로몬은 반쪽씩 나눠주라고 명하였습니다. 나눔이 죽음을 의미하는 것을 안 엄마는 그 나눔을 반대하였습니다. 인간은 쪼갤 수 있는 대상이 아닌 거죠. 사람의 일부는 사람이 아닙니다. 이 재판에서 아이의 진짜 엄마는 아이를 쪼갤 수 없는 하나의 전체로 보고 있지만 가짜 엄마는 쪼개라고 말해요. 이 두 엄마의 차이가 사물을 대하는 과학과 종교의 차이입니다. 세상에는 과학적 사고만으로는 풀리지 않는 수수께끼가 있습니다. 인체를 제 아무리 잘 분석해도 왜 인간이 존재하는지, 왜 죄를 짓고, 왜 죽는지, 어떻게 살아야 하는지, 왜 인간은 신을 갈망하는지, 인간은 어디서 왔다가 어디로 가는지 그런 것들을 알 수는 없습니다. 과학은 인간을 편리하게 하나 인간의 근원적인 문제를 해결해 주지는 못합니다. 오직 하나님만이 그 답을 갖고 계시죠.

신뢰

특임장관실이 성인 남녀 2,019명을 대상으로 실시한 '한국인의 가치관' 조사 결과, "우리나라에서 가장 신뢰받고 있는 집단은 어디라고 생각하느냐"라는 질문에 경찰과 국회가 2.9%로 최하위 100명 중 3명만 믿는다는 말. 처음 만난 사람에게 갖는 신뢰도 4.0보다도 낮은 점수, 청와대 3.4%, 검찰·법원이 8.1%, 공무원 10.2%, 대기업 15.6%, 언론 20.6%, 학계가 22.3%로 그 뒤를 이었다고 합니다. 우리나라 사회 지도층을 신뢰한다는 응답은 34.1%, 신뢰하지 않는다는 응답은 65.1% 100명 중 65명이 믿지 못한다는 말 로 나타났다고 합니다.

저축은행 사태만 보더라도 그래요. 감독을 해야 할 금융감독원 간부가 오히려 앞장서 불법을 저질렀는데요. 감독 위에 또 감독을 세워야 할 판입니다. 이제 은행도 못 믿게 되었으니 그야말로 신뢰가 실종된 '불신시대'입니다.

모든 거래는 신뢰를 기반으로 합니다. 저금을 하는 것도, 물건을 사고팔 때 종이에 불과한 돈을 주고받는 것도 제도에 대한 신뢰가 있기 때문이죠. 신뢰는 보이지 않는 사회적 자본입니다. 영어로 신뢰를 의미하는 'trust'의 어원은 독일어 'trost'에서 연유되었는데, 그 의미는 '편안함'이에요. 신뢰는 단순히 심리적인 편안함을 넘어서 사회적 협력을 창출하고, 배신을 예방하기 위해 들여야 하는 시간이나 노력, 감시비용 등이 절감되는 효과를 거두게 합니다. 또 상대방으로 하여금 자기 능력 이상을 발휘하게도 하지요.

항만, 도로, 교량, 철도, 통신, 전기, 공항 등 SOC 사회간접자본 가 깔려 있어야 산업화가 되고 경제가 성장해 선진국이 될 수 있듯이 개인도 무형의 SOC가 많이 갖춰진 사람이 성공할 가능성이 높습니다. 정보활용능력, 공감능력, 인맥, 좋은 성품 등등의 무형의 인프라 중 아마 신뢰가 가장 큰 자산일 겁니다.

미국에 유학 간 학생이 방을 계약할 때 아버지가 장관이라고 해도 믿지 않는다고 해요. 소액일지라도 본인이 세금이라든가 대출금의 이자를 정확한 날짜에 꾸준히 내왔다는 금융거래상의 데이터가 더 신뢰를 준다네요. 이처럼 신뢰는 오랜 거래를 토대로 형성되기 때문에 하루아침에 쌓기는 어려우나 하루아침에 쉽게 무너지며, 회복이 어렵다는 특징이 있습니다. 노벨경제학상 수상자인 애로 K.Arrow 는 "신뢰는 돈 주고 어디서도 구할 수 없는 것"이라고 말했습니다.

안타깝게도 요즘은 가장 가까운 부모, 형제, 부부간에도 서로 믿지 못하는 세상이 되었습니다. 그러니 세상의 그 누구인들 믿을 수가 있겠어요. 사실 사람은 믿을 만한 존재가 못 돼요. 하나님을 믿기에 서로 믿을 수 있는 것이죠.

가족이 얼마나 믿어지시나요? 믿는 만큼 잔소리도 덜 하게 되고, 어디서 뭐하나 휴대폰으로 자주 확인 안 해도 되고, 의심의 눈초리가 아닌 사랑의 눈으로 바라보게 될 겁니다. 만약 여러분의 가족을 포함, 주변의 지인들에게 설문조사를 해서 여러분의 신뢰도를 측정한다면 과연 몇 퍼센트가 나올까요? 무엇보다도 주님 보시기에 여러분은 얼마나 믿을 만하신지요? 욥처럼 하나님에게 100% 온전하게 딱 믿어지는 사람이 될 수 있다면 그 얼마나 좋을까요.

사회적 지지

이탈리아의 로제토에 살던 농노들이 19세기 말 바다 건너 기회의 땅이 있다는 말을 듣고 미국의 펜실바니아로 이민을 왔습니다. 그들은 '카르멜산의 성모 교회'라는 교회를 언덕의 중심부에 짓고 마을을 이루고 살았다고 해요.

1950년대 후반쯤 스튜어트 울프라는 의사가 강연차 그곳에 갔다가 깜짝 놀랄 만한 말을 듣게 돼요. 17년간 그곳에서 의사로 일해 왔는데 그 지역에 사는 65세 미만의 사람들 중에는 심장병환자가 거의 없다는 것이었어요. 그때 당시 미국에서는 심장마비가 사망원인 중 선두를 달리고 있을 때였는데도 말이죠. 로제토의 모든 사람을 테스트하고, 주변 지역인들과 비교 연구한 결과, 그러한 비결은 식생활이나 유전, 지리적 특성에 있지 않고 로제토 자체라는 것이 밝혀졌습니다. 교회를 중심으로 형성된 상호유대가 강한 특유의 공동체 문화가 주민들을 장수하게 했다는 거죠. 로제토 사람들은 서로를 방문하고, 길을 걷다가 멈춰 서서 잡담을 나누며, 뒤뜰에서 음식을 만들어서 나누어 먹고, 3대가 한 집에 살기도 하고, 나이든 사람들은 젊은이들의 존경을 받으며, 고작 2,000여 명이 사는 마을에 시민의 모임이 22개나 되었다고 합니다. 이들은 교회를 중심으로 이루어진 '확장된 가족집단'이었던 것입니다.

사회적 지지란 한 개인이 대인관계 혹은 전문가로부터 얻을 수 있는 모든 긍정적인 지원을 의미합니다. 정서적 공감, 돌봄, 신뢰, 관심, 존중과 사랑, 평가, 금전, 노력, 시간, 조언, 정보제공, 해결책 제시, 충고 등이 이에 해당합니다. 지지원은 가족, 친척, 친구, 이웃, 학교나 직장의 동료, 의료제공자, 상담자 및 성직자, 전문가들이 해당됩니다.

인간人間은 한자로 '사람 사이'라는 뜻입니다. 사람 사이에서 섞여서 살아야 하는 사회적 존재인 인간은 항상 사회적 지지를 필요로 합니다. 특히 사회적 약자에게는 더 필요해요. 지지해 주는 정도가 그들의 건강 상태 및 사회적응에 지대한 영향을 미친다고 하네요. 연구결과에 따르면 높은 사회적 지지를 가진 사람들은 낮은 지지를 받는 사람들보다 훨씬 더 건강한데요. 이러한 건강의 이득은 우정과 가까운 가족 관계, 교회 예배의 참석과 같은 스트레스 완화의 영향에서부터 온 결과라고 합니다.

여러 가지 이유로 '나홀로 가족'이 증가하고 있는 추세인데요. 일본에서는 지속적인 사회관계망이 형성되지 못한 채 자살을 하거나 혼자 살다 혼자 죽음을 맞는 고독사가 증가하고 있다는데, 우리 사회도 그렇게 될까 봐 걱정이네요. 아무래도 가장 강력한 지지는 가족으로부터 받는 것이겠지요. 그 외에도 지지의 폭을 좀 더 확장시키기를 원하신다면 가까운 교회에 나가셔서 서로를 지지해 줄 수 있는 좋은 모임에 들어가는 것도 한 방법이겠습니다.

그리고 외로운 분들을 위하여, 연약한 우리를 늘 위로하고 격려하고 지지해 주시는 성령님의 마음으로, 소외된 자에게 늘 가까이 하셨던 예수님의 마음으로, 오늘도 그 누구에겐가 사회적 지지 멘트를 서비스하는 센스~ 가져보심이 어떠실는지요? 생각해 보면 그를 지지하는 것은 곧 내가 지지받는 것이기도 합니다.

깨진 유리창 이론

1982년 미국의 범죄학자인 제임스 윌슨과 미국 럿거스 대학의 조지 켈링 교수가 '깨진 유리창 이론 Broken Windows Theory '을 발표했습니다. 건물의 유리창이 한 장이라도 깨진 상태를 그대로 방치해 두면 외부에서는 그 건물에 대한 관리가 소홀한 것으로 인식하고, 그 지점을 중심으로 범죄가 확산되어, 깨진 유리창 한 장의 존재가 건물 전체, 나아가 그 주변 지역까지 황폐화시킨다는 이론입니다. 이는 사소한 무질서를 방치하면 큰 문제로 이어질 가능성이 높다는 의미를 담고 있습니다.

이 이론은 즉시 흉포한 범죄로 골머리를 앓던 뉴욕시의 치안대책에 차용됩니다. 1994년 루돌프 줄리아니는 뉴욕시장으로 선출되자마자 범죄와의 전쟁을 선포하고 중죄가 아닌 사소한 범법 행위를 끝까지 추적해 잡도록 했습니다. 지하철과 공공시설물의 낙서, 성매매, 지하철 무임승차, 무단횡단, 신호위반, 쓰레기 무단투기, 노상 방뇨, 고성방가 같은 것들이 대상이었죠. 그 결과 질서의식과 준법정신이 크게 향상되어 뉴욕은 '범죄율이 가장 높은 도시'에서 '가장 안전한 도시'로 바뀌었다고 합니다.

데이비드 패터슨 뉴욕 주지사가 월드 시리즈 뉴욕 양키즈 첫 경기 관람표 5장을 공짜로 받았다가 공직자 윤리위원회에 징계를 받아 표값의 30배인 벌금 7천만 원을 냈다고 합니다. 고위공직자에게도 예외 없이 적용되는 엄격한 법 규범이 부럽기만 합니다. 국제투명성기구 한국본부가 발표한 '2010년 부패인식지수'에 따르면 한국은 조사대상 178개국 중 39위라네요.

사실 부패는 사소한 원칙을 위반하는 것에서 출발합니다. 세상의 아무리 큰 일도 작은 일로부터 시작되는 법이죠. 초기의 사소한 단초를 간과하지 않는 것이 문제를 미연에 방지하는 지혜임을 명심할 필요가 있습니다. 혹시 우리 안팎에 우리의 육체적 · 정신적 · 영적 건강을 위협하는 깨진 유리창은 없는지요? 하나라도 있다면 얼른 관리 들어가셔야 하겠습니다.

"지극히 작은 것에 충성된 자는 큰 것에도 충성되고
지극히 작은 것에 불의한 자는 큰 것에도 불의하니라 누가복음16:10"

"우리는 힘이 있었습니다.
우리는 정신이 있었습니다.
우리는 싸우고자 했습니다.
우리는 바로 우리 가족을 위해 싸우고자 했습니다.
그것은 가장 위대한 것이었습니다."

PART
3

5 · 6월

May - Jun

가정의 달
결코 놓치지 말아야 할 것
엄마 신드롬
희망의 힘, 가족의 힘
심장이야기
신데렐라적 결혼
자서전 쓰기
스승의 날
체벌금지 역효과
주5일수업제
옛 친구
인생의 그림
타인의 의미
소통장애
악마의 덫
테러

가정의 달

5월은 가정의 달이라 가정과 가족의 소중함을 되새기게 됩니다. 우리는 누군가의 자녀이기도 하고 부모이기도 한데요. 어버이날에 카네이션이나 선물, 안부전화, 가족식사 등으로 서로의 마음을 잘 전하셨겠지요?

전통적인 농경사회의 대가족이 산업화 시대를 거치면서 핵가족화되더니, 요즘엔 가족 단위가 점점 작아져가고 있습니다. 서양의 평등주의, 개인주의가 유입되고, 물질이 가장 중요한 가치가 되면서 가족간에도 실리를 따져 서로의 관계가 소원해지고 갈등도 많아져가고 있지요.

갈등의 요인이 대개 돈이다 보니 행복도 불행도 돈에서 나오는 것처럼 여겨지기 쉽습니다. 하지만 사회적 존재인 인간의 행복은 관계에서 나온다고 합니다. 그래서 개인의 사회적 관계를 살피면 한 사람의 행복을 놀랍도록 정확하게 측정할 수 있다고 하네요.

요즘 자살이 사회문제가 되고 있는데요. 며칠 전에 미국 51개주의 삶의 만족도와 자살률을 비교한 논문이 발표되었는데 의외로 삶의 만족도가 2위로 높은 하와이의 자살률이 5위, 삶의 만족도가 바닥에 가까운 47위를 기록한 뉴저지 주는 자살률이 47위였다고 합니다. 이는 사람들이 물질로부터 받게 되는 삶의 편리함과 만족스러움보다, 힘들고 어렵더라도 의지할 만한 사람과의 관계에서 더 행복을 느낀다는 것을 나타내 줍니다. 즉 유대관계를 많이 맺고 있을수록 자살 가능성이 낮습니다.

유대紐帶 란 '끈과 띠'라는 말로 단단하게 결속된 관계를 이릅니다. 가족과의 끈끈한 유대감은 어떤 어려움이 닥쳐도 내 편이 있다는 믿음을 주고 잘 극복할 수 있게 해 줍니다. 여러분에게 가족이 짐인가요? 힘인가요? 가족 간의 갈등은 에너지를 소모시키고, 화목은 시너지 효과를 창출합니다. 서로의 관계 속에서 상호간의 정서적 공감, 지지, 돌봄, 사랑, 신뢰, 관심, 존중 등이 오갈 때 가정은 미리 누리는 천국이 될 것입니다.

19세기 러시아를 대표하는 리얼리즘 화가 일리아 레핀의 작품 〈아무도 기다리지 않았다〉는 생경한 가족의 모습을 묘사하고 있습니다. 배경은 온화한 파스텔 톤의 벽지, 누이는 피아노 앞에 앉아 있고, 아이들은 식탁에 둘러앉아 책을 읽고 있습니다. 화목한 분위기의 구도죠. 그런데 거실문이 열리고 혁명가 아버지가 시베리아 유형생활을 마치고 집으로 막 돌아온 순간, 싸늘한 정적이 흐릅니다. 가족 아무도 그를 반기지 않습니다. 오히려 뭔가 자신들에게 닥칠 불안을 예감하는 듯한 경계의 눈빛을 하고 있습니다. 부인은 문고리를 잡고 차갑게 방안을 주시하고 있고, 어머니는 아들을 반겨야 할지 어떨지 가늠을 못하고 엉거주춤한 모습으로 서 있고, 피아노 앞의 누이는 몸을 반쯤 돌린 채 불청객을 응시하며, 탁자에 앉아 책을 보던 어린 딸은 두려움이 가득 한 눈빛으로 아버지의 눈치를 살피는데 탁자 아래로 내려뜨린 두 발의 끝은 불안함만큼이나 부자연스럽게 모아져 있습니다. 그 옆의 아들도 낯선 아버지를 놀란 표정으로 바라봅니다. 아버지 역시 반가운 표정이라고는 전혀 없습니다.

가정의 달을 맞아 이 그림의 아버지에 우리 각자의 모습을 대입해 봅시다. 내가 문을 열고 들어서는 순간 가정의 그림이 어떻게 변할까요? 또 어떻게 변하기를 원하시는지요?

또 하나, 아버지를 어떻게 맞아들이시나요? 주인이 들어올 때 반갑게 환영하는 강아지만도 못한 태도로 가장을 맞지는 않는지요? '가장=돈'이 아닙니다. 살아 있다는 사실 하나만으로도 감사하며 점점 약해져 가는 아버지들에게 힘을 실어 주면 좋겠습니다.

결코 놓치지 말아야 할 것

최근 미국 LA에서 있었던 일입니다. 길 가던 한 여성이 핸드백을 빼앗으려는 노상강도에게 얼굴을 얻어맞고 쓰러졌는데요. 괴한에게 길바닥을 질질 끌려가 상처를 입으면서도 핸드백을 빼앗기지 않기 위해 필사적으로 버텼습니다. 아무리 때리고 짓밟아도 핸드백을 놓지 않자 겁이 난 강도는 결국 포기하고 도망쳐버렸습니다. 그녀가 그토록 처절하게 버틴 것은 핸드백이 비싼 명품이어서도 아니고, 신용카드와 현금 때문도 아니었습니다. 핸드백 속 소지품 중 하나인 휴대폰을 빼앗기지 않기 위해서였습니다. 휴대폰에는 젖먹이 딸 동영상이 들어있었거든요. 옹알이를 하다가 '엄마' 하며 웃는 모습을 찍은 것이었습니다. 그 젖먹이 딸은 지금 이 세상에 없습니다. 암으로 죽었기 때문이죠. 엄마가 사건을 당한 날이 딱 10주째 되는 날이었어요. 그 끔찍한 폭행을 당하면서도 핸드백에서 손을 놓지 않은 것은 불쌍한 딸이 남긴 마지막 기억이 그 속에 들어있었기 때문이었습니다.

그 무지막지한 괴한과 싸워 물리친 엄마의 힘은 어디서 나온 걸까요. 딸을 사랑하는 엄마의 마음일 것입니다. 마지막 남은 딸의 기억을 빼앗으려 했으니 그 엄마는 옷이 찢기고, 몸에 상처를 입고, 품위를 잃고, 수치를 당하고, 죽음의 위험까지도 감수하며 끝까지 핸드백을 붙잡고 놓지 않았던 것이죠.

폭스뉴스의 이 기사는 우리가 지키기 위해 결사적으로 붙들어야 할 것이 무엇인가를 생각하게 합니다. 사람들은 돈과 자존심, 감정, 명예, 비밀, 연인 등을 지키기 위해 인간관계의 파멸까지 감수합니다. 다 중요하지만요, 무슨 일이 있어도 믿음만은 꼭 붙잡고 놓지 말아서 주님에 대한 순전한 사랑을 끝까지 간직했으면 좋겠습니다.

영국 데일리메일의 보도에 따르면 얼마 전, 세계적인 바이올리니스트 김민진 씨가 런던 시내 한 샌드위치 가게에 들러 바이올린 케이스를 잠시 내려놓고, 5,000원짜리 샌드위치를 고르려고 한눈팔다가 120만 파운드 약 21억 4,400만원 짜리 명품 바이올린을 도난당했다고 합니다. 도둑맞은 '스트라디바리우스'는 300년 이상 된 수제품으로 세계에 450대밖에 없다는데요. 웬만한 악기상이라면 한눈에 알아보기 때문에 시장에서 팔기도 어려워 쉽게 되찾기가 어려울 거라고 하네요.

누구에게나 자신이 가장 마음을 쓰고 있는 대상이 가장 소중한 것이죠. 잠깐 세상에 한눈파는 사이에, 값으로 환산할 수 없는 보배이신 주님을 잃어버리지 않도록 항상 마음 단속을 꽁꽁 해야 하겠습니다. 필사적으로 우리가 주님을 붙들고 있으면 엄마가 핸드백을 꼭 잡고 놓지 않으려 할 때 강도가 겁이 나 도망가듯이 우리를 해치려 하던 사탄도 겁내고 도망가게 말입니다.

"네 보물이 있는 그곳에는 네 마음도 있느니라 마태복음6:21"

엄마 신드롬

국내에서 이미 180만 부 이상이 팔린 신경숙 소설 〈엄마를 부탁해〉가 미국에 번역 보급돼 큰 인기를 얻고 있습니다. 비서구권 작가의 데뷔작으로는 최고인 초판 10만 부를 찍고도 당일에 매진돼 5쇄에 들어갔으며, 뉴욕타임스에 발표되는 베스트셀러 순위 양장본 소설부문에서도 상위서열에 올랐고 세계 최대의 인터넷 서점 아마존은 이 책을 '2011년 상반기 최고의 책 톱 10'중의 하나로 선정하였습니다. 이스라엘에서도 베스트셀러 2위까지 올랐다고 합니다. 이 책은 현재 28개국에 번역판권이 팔렸습니다. 작가는 미국 7개 도시와 유럽 8개국에서 출판기념행사를 갖고 돌아와 "유럽 독자들도 언제나 의지할 수 있는 따뜻한 엄마라는 존재를 잃어버린 채 살고 있다는 상실감에 공감하는 것 같다. 책을 읽는 동안 자기 자신의 엄마에 대해 깊이 생각해 볼 기회를 갖는다면 작가로서는 매우 큰 기쁨이 되겠다."라고 말했습니다.

베스트셀러는 시대를 반영합니다. 이 소설이 미국과 유럽에서 그만큼 인기를 끄는 이유는 '엄마'로 대변되는 가족의 가치나 관계 문제가 한국적 특수성을 넘어 인류 보편성을 지녀 세계인의 공감을 일으키는 소재이기 때문입니다. 가족이 해체되어 가는 사회적 위기, 경제적 위기에서 오는 피폐함 등에서 모성으로 회귀해 안정을 찾으려는 대중의 열망이 반영된 것입니다.

이 시대는 모성결핍의 시대입니다. 요즘 드라마에서도 희생으로 자식을 품어주던 전통적인 모성은 깨어지고, 거친 막말로 자식을 혹독하게 다그치고, 자신의 욕망을 위해 가족을 배신하는 것조차 서슴지 않는 패악한 엄마들이 등장합니다. 가계의 경제권, 소비, 교육 등 의사 결정의 무게중심도 엄마 쪽으로 옮겨가는 추세입니다. 사회에서도 여성들이 각 분야에서 남성들을 앞서는 사례가 늘어나고 있습니다. 이처럼 여성이 주류화된 세대지만 정작 이 사회는 여성성을 잃어가고 있는 것 같습니다. 가치관의 변화로 인해 능력 있는 알파걸, 골드미스들은 결혼도 출산도 짐스러워합니다.

소설에서는 늘 곁에서 무한한 사랑을 줄 것 같은 존재였던 엄마가 복잡한 인파 속에서 실종되지만, 오히려 사라짐으로써 가족들에게 새롭게 다가와 더욱 소중하고 확실한 존재감으로 되살아납니다. 작가 신경숙은 현대사회가 모성을 잃거나 잊은 사회라고 말하면서 사회적 관계 자체가 모성적이기를 바란다고 말합니다. 우리가 회복해야 할 모성성은 이 사회를 살릴 수 있는 생명의 창조성, 따뜻함, 보살핌, 부드러움, 감싸줌, 헌신, 섬김, 자기희생, 감성, 인격적 관계맺음, 교제, 정숙함, 온유함, 감수성, 친절, 타인에 대한 존경, 섬세함, 용납, 협조 등이겠지요.

우리를 만드시고, 말씀의 젖으로 먹이시고, 자라게 하시며, 보호하시고, 가르치고, 훈계하시고 아버지를 증거하게 하시는 보혜사 성령님의 속성은 어머니의 속성과도 상통합니다. 여성은 물론이거니와 남성 안에도 '아니마 anima'라는 여성성이 존재합니다. 그리스도인이라면 무릇 남성과 여성을 무론하고 모성성을 가져야만 그간의 남성성의 과잉으로 인해 초래된 시대의 아픔과 상처를 치유할 수 있을 것입니다.

"어미가 자식을 위로함같이
내가 너희를 위로할 것이라
이사야 66:13"

희망의 힘, 가족의 힘

칠레의 산호세 광산의 갱도가 무너지는 바람에 광부 33명이 700미터 지하갱에 매몰되는 사상 최악의 탄광사고가 났지만 69일 만에 전원이 기적적으로 구조되었습니다. 칠레 전역에는 신에게 감사하는 교회 종소리가 울려 퍼졌고, 칠레 국기 문양의 적, 백, 청색을 입힌 은박 풍선 33개가 하늘로 솟고, 구조장면을 지켜보던 사람들은 국가를 합창하며 박수를 쳤다고 합니다.

칠레 국민들이 그 역경을 통해 하나로 결집되고, 매몰 광부들이 현장감독 우르수아의 지휘 아래 서로 격려하고 협력하면서 침착하게 대처하고, 가족과 영상과 편지로 소통하고, 미국 항공우주국의 도움으로 완성된 구조용 캡슐 '피닉스'호를 타고 구출되는 모습은 전 세계인을 감동시켰습니다. 서로 동료들을 먼저 올려 보내고 자신이 뒤에 남겠다고 양보하던 희생정신, 광부들의 생존 의지와 지혜, 리더십, 칠레 정부의 신속하고 지혜로운 위기 대처 능력 등 모든 것이 다 감동을 주었습니다. 이 중에 하나라도 제대로 작동되지 않았더라면 아마 그들은 죽었을지도 모릅니다.

그들은 외부와 연결되지 않았던 17일 동안 고립상황에서 이틀에 과자 반 쪽, 우유 반 컵으로 연명하면서 생의 의지를 다졌다고 합니다. 매몰 17일 만에 생존자를 확인하기 위해 뚫고 내려간 구조대 드릴에 광부들이 우리는 피신처에 모두 살아있다는 메모를 써 올려 보내면서 절망은 희망으로 바뀌었습니다. 그들은 갱 속에서 날마다 기도를 했다죠? 작은 금속캡슐에 담겨 그들에게 제공된 구호물품 목록 중에는 교황이 직접 보내 준 성경도 있었습니다. 그 같은 극한상황 속에서는 생명을 부지할 수 있는 물과 식량, 성경 말씀과 기도 외에 그 무엇이 있을 수 있었을까요. 세풀베다는 기자회견장에서 "신과 악마가 나와 함께 있었습니다. 그리고 신이 승리했습니다."라고 말했습니다.

　총독 느헤미야는 예루살렘 성벽을 재건하는 과정에서 "너희는 그들을 두려워하지 말고 지극히 크시고 두려우신 주를 기억하고 너희 형제와 자녀와 아내와 집을 위하여 싸우라."라고 독려하였습니다. 산호세 광산 현장의 작업반장 우르수아도 "우리는 힘이 있었습니다. 우리는 정신이 있었습니다. 우리는 싸우고자 했습니다. 우리는 바로 우리 가족을 위해 싸우고자 했습니다. 그것은 가장 위대한 것이었습니다."라고 말했습니다. 그들은 절망적인 상황 속에서 자신에게 가족이 있다는 것을 감사하며, 가족들을 볼 수 있다는 희망을 가지고 그 절망의 긴긴 시간들을 견뎠습니다. 참으로 희망의 힘이 크다는 것과 가족의 힘이 위대하다는 것을 깨닫습니다. 그들이 구출되던 날, 가족들은 죽었던 사람이 살아온 것처럼 얼마나 기뻤겠습니까?

　예수님을 믿는 우리는 죄로 인해 매몰될 수밖에 없는 처지에서 구원을 받아 새 생명을 얻었다는 사실에 대해 구조 받은 광부들 자신이나 그 가족들처럼 눈물로 감격하는지요? 무엇보다도 주님의 자녀가 되고 그의 영원한 가족이 되었다는 것에 대해 감격할 수 있어야 하겠지요.

심장이야기

옛날에 한 청년이 살았습니다. 청년은 아름다운 여인을 만나 사랑에 빠졌습니다. 여인이 청년에게 별을 따다 달라고 말하자 청년은 별을 따다 주었습니다. 달을 따다 달라고 말하자 달을 따다 주었습니다. 이제 청년이 더 이상 그녀에게 줄 것이 없게 되었을 때 여인이 말했습니다. "네 부모님의 심장을 꺼내와." 많은 고민과 갈등 끝에 결국 청년은 부모님의 가슴 속에서 심장을 꺼냈습니다. 청년은 부모님의 심장을 들고 뛰기 시작했습니다. 오직 그녀와 함께할 자신의 행복을 생각하며 달리고 또 달렸습니다. 청년이 돌부리에 걸려 넘어졌을 때 청년의 손에서 심장이 빠져 나갔습니다. 언덕을 굴러 내려간 심장을 다시 주워 들었을 때 흙투성이가 된 심장이 이렇게 말했습니다.

"얘야, 많이 다치지는 않았니?"

여기서 심장을 꺼냈다는 것은 자식이 부모님의 가슴을 아프게 한 것을 상징합니다. 이 이야기에는 맹목적 사랑에 눈먼 아들의 이기심, 자식을 먼저 걱정하는 부모의 헌신적 사랑이 대비되어 나타나 있습니다. "부모는 먹지 않고 자식을 주고, 자식은 먹고 남아야 부모를 준다". "한 부모는 열 자식을 거느리나 열 자식이 한 부모 못 거느린다", "부모에게 받고 자식에게 갚는다." 이런 속담을 보면 부모자식간의 사랑은 위에서 아래로 내려가는 자연스러운 방향으로만 흐르는 것 같습니다. 그래서 십계명에서도 쉬운 자식사랑은 언급하지 않았지만 방향을 틀기 어려운 효는 강제했나 봅니다.

치매와 암을 앓고 있던 60대 부부가 자식에게 짐이 되어 미안하다며 동반자살했다는 비극적인 기사가 신문에 실렸는데요. 세계 10위권 경제대국이라는 우리나라에서 하루에 65세 이상의 노인이 12명 자살하고, 노인빈곤율이 세계

1위라는군요. 과거엔 부모 부양이 자식들의 기본적인 도덕 요건이었는데 산업화에 따라 가족의 형태가 변화되고 서구의 개인주의가 유입되어 전통적인 효의 개념이 사라지고, 지금은 국가에 부양의 책임을 돌립니다. 우리가 스스로 하지 못할 때 부모가 우리를 씻기고 먹이고 입히고 용돈을 주었고, 대학까지 공부시키느라 노후대비도 못했건만, 늙어서 부모가 스스로의 힘으로 하지 못할 때 우리가 그대로 갚지 못하는 것이죠.

눈에 보이는 부모님을 공경하지 못하면서 눈에 보이지 않는 하나님을 공경한다고 말한다면 이율배반적입니다. 부모님은 보이지 않는 하나님의 표상입니다. 우리가 부모님을 선대하는 모든 것을 하나님께서 친히 당신에게 하는 것으로 받으실 것입니다. 사람도 남에게 무언가 받으면 그만큼 갚고자 하는 게 인지상정인데 하물며 모든 것의 주인이신 하나님이 그냥 받고만 계시겠어요? 성경에 약속하신 축복을 분명히 허락하실 것입니다. 설령 아무런 축복을 약속받지 못한다 해도 우리가 부모님께 진 사랑의 빚은 일부만이라도 갚아야 하지 않겠어요? 그것을 보고 자녀들이 훗날 우리에게 그대로 갚을 테니까요.

신데렐라적 결혼

　　제인 오스틴의 소설 〈오만과 편견〉은 엘리자베스와 다아시가 신분차를 극복하고 극적으로 결혼하게 되는 이야기입니다. 18세기 후반의 영국사회에서 여성은 남성에 비해 재산을 상속받기도 어려웠고, 경제력 있는 직업을 갖기가 힘들어 사랑보다는 재산과 지위를 우선시하는 정략결혼을 할 수밖에 없었습니다. 18세기 영국과 21세기 현대 한국은 다르죠. 하지만 결혼의 외피를 들춰 보면 수많은 조건이 내걸려 있다는 점에서 별반 다르지 않은 것 같습니다. 낭만적 사랑만 가지고 맺어지기에 현실의 무게가 너무나 무거운가 봅니다.

　　여주인공 엘리자베스는 조건으로 맺어지는 전통적 결혼관에 맞섭니다. 다아시도 귀족 집안과의 연관이나 막대한 재산에도 불구하고 오만함을 버리고 엘리자베스와 결혼합니다. 이 작품은 사랑으로 일체의 난관을 극복하고 끝내 사랑을 성취하는 신데렐라적 스토리로 독자들의 소망을 대리 충족시켜 주었습니다.

　　영국 윌리엄 왕자와 케이트 미들턴이 세기의 결혼식을 올렸는데요. 런던까지 와 로열 웨딩을 직접 본 사람은 60만 명, TV나 인터넷으로 지켜본 사람이 20억 명이라고 하니 그 관심과 열기가 대단하지요. 엘리자베스 여왕이 이날 윌리엄에게 '케임브리지 공작' 작위를 내려 캐서린은 자연히 공작부인이 되었습니다. 신분사회인 영국에서 평민 출신으로는 드물게 350년 만에 왕실 가족이 되어 캐서린은 '현대판 신데렐라'로 불립니다. 결혼식을 지켜 본 사람들은 동화 같은 '신데렐라'의 현실화를 기뻐하고 행복해하며 대리만족감을 느꼈을 것입니다. 신분상승은 평민들의 숙원이니까요.

　　민담과 동화에는 민중의 심성이 담겨 있어요. 대개 배불리 먹는 것, 압제자가 혼나는 것, 결혼을 통해서 신분상승을 하는 것이었습니다. 뒤집어 말하면 그만큼 먹을 것이 부족했으며 억울한 일을 많이 당했다는 것이고, 엄격한 신분사회에서 여성들은 귀족과의 결혼 아니면 신분상승이 어려웠다는 것을 의미합니다. 우리나라에도 〈심청전〉이나 〈춘향전〉, 〈콩쥐팥쥐〉 등에는 신분상승 모티프 motif가 들어 있는데요. 이런 책들은 특히 여성독자들에게 인기가 아주 많았답니다.

왕자님과 결혼해 만인의 부러움을 사고 있는 캐서린보다도 실은 우리가 더 행운의 신데렐라라는 사실을 아시나요? 그녀는 이 땅의 왕자님의 시한부 아내지만 우리는 하늘 왕자님이신 예수 그리스도의 영원한 신부이기 때문입니다. 아가서를 비롯한 성경 곳곳에 우리를 그리스도의 아름다운 신부로 비유하고 있습니다.

캐서린은 지체 낮은 평민이지만 그의 신부이기 때문에 매우 당당한 태도로 윌리엄을 대합니다. 우리가 과거에 얼마나 비천한 존재였는지를 잊지 말고, 그리스도의 신부된 것을 감사하며, 예수님과 함께 모든 것을 당당하게 누릴 수 있었으면 좋겠습니다.

"내 신부야 네 사랑이 어찌 그리 아름다운지
네 사랑은 포도주보다 진하고 네 기름의 향기는
각양 향품보다 향기롭구나 아가 4:10"

자서전 쓰기

서울시와 각 구청의 노인 대상 평생교육강좌 중에서 '내 인생의 황금기를 위한 자서전 쓰기' 강좌, 디카를 활용해 영상으로 만들거나 라디오 프로그램으로 만드는 '노인 미디어 자서전 만들기' 강좌 등이 인기를 끌고 있다고 합니다.

수강생 대부분이 은퇴 후 인생의 전환점을 맞은 분들이라고 하는데요. 사람은 누구나 나이가 좀 들면 자기 생을 되돌아보게 되지요. 그간의 이런 저런 경험과 사연들을 모으면 책 한 권 엮고도 남을 것입니다.

이 과정은 과거를 단순히 정리하는 차원이 아니라 현재 시점에서 반성적 사고를 통해 과거를 재해석하고, 삶의 자세를 가다듬어 남은 생을 더욱 의미 있게 보내는 데 도움이 될 것 같습니다. 화가 렘브란트는 평생 100여 점의 자화상을 그렸는데 그의 못생긴 얼굴을 감추려고 하지 않았다고 해요. 그의 자화상의 변모과정은 그의 삶의 궤적을 생생히 드러냅니다. 이처럼 자서전도 자신의 치부까지 적나라하게 드러내야 하겠죠. 대부분의 사람은 자기자랑이 본능적인데 자신의 허물까지도 정직하게 드러낼 수 있다면 참으로 용기 있는 사람이 아닐 수 없습니다.

한편, 어떤 학생은 학교에서 "네 인생의 자서전을 쓰되, 구체적으로 몇 년도에는 무엇을 했고 지금은 무엇을 하고 있으며, 몇 년도에는 무엇을 하고 있을 것이며, 20년 후에는 네가 사회에서 어떤 위치에서 무엇을 하고 있을지에 대해서 쓰라."하는 작문 과제를 통해 진지하게 자신의 인생을 고민하고 뚜렷한 삶의 방향을 잡게 되었다고 고백합니다.

꿈을 한창 키워내는 학생들은 물론이거니와 노인들의 '자서전 쓰기'도 남은 인생에 일종의 길잡이 역할을 해 줄 것으로 보입니다.

'메타 코그니티브Metacognitive'란 '초인지, 또는 상위인지'로 번역됩니다. 통찰력을 갖고 사고하는 것을 이릅니다. 대개 학습전략에서 학습활동 계획 및 학습진보의 모니터, 성취도 평가 작업에 사용되는 '초인지전략'을 뜻합니다. 이것을 인생 사이클에 적용해 본다면 내가 지금 무엇을 왜 어떤 방식으로 하고 있는지, 주님이 정해주신, 원래의 목표에 따라 제대로 잘 살고 있는지, 목표는 어느 정도 달성되었는지, 방향수정이 필요한지 등을 객관적으로 점검하면서 스스로에게 묻고 평가하고 스스로 대답하며 살아가는 것을 말합니다.

'자서전 쓰기'는 초인지전략과도 같습니다. 자기의 현재까지의 삶이든 미래의 가상의 삶이든 자기의 삶을 써 내려가노라면 자신을 반성적이고도 객관적으로 바라볼 수 있을 테니까요. 사람이 보는 것과 하나님이 보시는 것은 다르죠. 자기 자신의 눈으로, 그리고 하나님의 눈으로 자기의 삶을 매순간 메타코그니티브 한다면 그의 삶은 더욱 바르고 풍요해질 것입니다. 그러면 생의 후반기에 이르러 "너는 못난 애비같이 살지 마라."가 아니라 사도 바울처럼 "너희는 나를 본받는 자가 되라." 이러한 태도로 자신 있게 자서전을 쓸 수 있게 될 것입니다.

"우리에게 우리 날 계수計數 함을 가르치사 지혜의 마음을 얻게 하소서 시편 90:12"

스승의 날

누구나 일생에 가장 고마운 사람을 몇 사람만 떠올려보라면 가족 다음으로는 스승을 꼽을 것입니다. 스승의 날이 제정된 유래를 말씀드릴게요.

대한적십자사는 세계적십자의 날 5월 8일, 적십자 창시자인 장 앙리 뒤낭의 생일 을 기념해 1958년부터 학교 발전에 공을 세우거나 병으로 퇴직한 교직원을 위로하는 행사를 실시하고 있었습니다. 스승의 날을 제정한 계기는 한 고등학교 여학생에 의해서였습니다. 청소년적십자단 JRC 학생회장과 전국 협의회장을 맡은 윤석란은 봉투쌀을 모아 지병을 앓고 계시던 이장화 선생님네 집을 방문하다가 아예 날을 정해 퇴직하거나 병가 중인 선생님을 찾아뵙자고 단원들에게 제안을 합니다. 윤석란의 곁에는 항상 후배 유재숙이 있었는데 그는 성악가 뺨치게 노래를 잘했고 교회 활동도 열심이었습니다. 이들의 갸륵한 뜻은 곧 선후배와 동기생들의 공감을 얻게 됩니다. 충남 JRC학생협의회는 1963년에 국내 최초로 '은사의 날' 행사를 치렀고, 전국 확장으로 뜻이 모아지자 JRC중앙학생협의회는 '은사의 날'을 5월 24일로 정해 기념키로 했습니다. 64년에는 '스승의 날'로 개명하고 기념일을 5월 26일로 바꾸었다가 1965년에는 민족의 스승 세종대왕의 탄신일인 5월 15일로 바꾸었습니다. 이때부터 전국적으로 확산됐습니다. 오늘날 불리는 스승의 날 노래 윤석중 작사, 김대현 작곡 는 66년에 대한적십자사가 제작, 보급했습니다. 강경고등학교에는 지난 2000년 스승의 날 기념탑이 세워졌습니다.

한 학생의 감사의 마음이 전국으로 확산되는 과정이 참 아름답지요? 지금은 그 숭고한 뜻이 퇴색해 스승의 날을 12월이나 한 학년이 종료되는 시점인 2월 15일로 옮기거나, 아예 없애자, '교사의 날'로 바꾸자는 의견이 나오고 있습니다. 세대 및 인식의 변화에 따라 스승의 날의 진정한 의미가 사라지고, 촌지문제로 인해 교사나 학생, 학부모 모두에게 부담스러운 날로 의미가 변해가고 있기 때문이라고 하는군요. 그런데 원인은 둘째 치고 요즘 학생들이나 학부모들은 선생님 존중할 줄을 모르고 폭언이나 폭력을 쓰기도 한다니 이래저래 이 시대는 선생님에 대한 감사가 실종되어가는 것이 아닌가 싶어 마음이 씁쓸해지네요.

어느 중학교의 선생님들과 3학년 학생들이 소통캠프를 열었다고 합니다. 첫날 밤 끝장토론에서 학생들은 "머리나 치마길이가 무슨 문제냐. 선생님들이 이해를 안 하고 통제만 한다. 수업이 재미없어 학원이 더 낫다."라며 불평했습니다. 선생님들은 "수업시간에 떠들고 자고, 휴대전화 쓰고, 규율 안 지키고, 학교와 학교 선생님을 우습게 안다."라며 섭섭해 했습니다.

다음날 '역지사지易地思之 수업' 시간에 '선생님 학생'들은 교복을 입고 앉았고, '아이 선생님'들이 교단에 섰습니다. 자신감으로 의기양양했지만, 수업 재미없다며 재미있는 얘기해 달라고 조르고, 학원 숙제하느라 잠을 못 잤다며 엎어져 자고, 문자 보내고 딴청 피우는 선생님 학생들 탓에 수업은 엉망진창이 되었습니다. 아이 선생님들은 당황해서 교단에 선 채 울음을 터뜨렸습니다.

"난 죽어도 선생님 안 해!"

체벌금지 역효과

　서울시와 경기도 교육청은 학생 인권 조례와 교육적 지침 등을 근거로 교실에서 직간접체벌을 금지했는데 그 이후 교실분위기가 많이 나빠졌다고 하네요. 학생들의 무례함이 도를 지나쳐 교실이 통제불능의 상태라고 합니다. 진보성향의 교육감들이 학생의 인권을 보호하기 위해 제정한 제도인데 역효과가 나고 있는 것이죠.

　체벌은 정의, 도덕 개념을 확실하게 가르쳐 주고 교육적 효과가 있다는 점에서 예로부터 계속되어 왔습니다. 대규모 근대사회로 접어들면서 저마다 개성과 수준이 다른 학생들을 한곳에 모아 놓고 효율을 추구하며 획일적으로 가르치려다 보니 억압적인 지도방식을 쓰게 된 것이죠. 학교는 여전히 통제의 필요성이 존재하는데 요즘 아이들은 여러 가지 이유로 통제에 익숙하지 않아서 더 문제인 것 같습니다.

　사람들이 왜 그렇게 체벌을 싫어할까요. 누구나 고통을 싫어하기 때문입니다. 이 세상에서 가해지는 무수한 형벌들이나 고문들, 조폭들이 탈퇴자에게 가하는 보복 등은 육신의 고통을 싫어하는 인간의 본능을 이용한 것입니다. 더구나 요즘은 몸이 우상인 시대라서 몸의 고통을 더더욱 참지 못합니다. 하지만 몸의 고통도 때에 따라서는 필요해요. 집을 나간 탕자가 돌아오기까지는 배고픔이라는 육신의 고통이 주효하게 작용했죠. 인간은 영혼육으로 이루어져 있기 때문에 영혼육의 고통을 피할 수 없어요.

　진짜 우리가 피해야 할 고통은 제발 올바른 인간 좀 되라고 부모님이나 선생님이 잠시 육신에 가하

는 체벌이 아니라 하늘나라에서의 체벌입니다. 지옥에서는 인간의 몸에 지속적인 형벌이 가해집니다. 누가복음 16장에 나오는 부자는 지옥불에서 영혼육의 고통을 아울러 받으며 제발 나사로의 손끝에 물 한 방울만 묻혀 타는 듯한 입술을 적실 수 있기를 처절하게 간구했고, 세상에 아직 살아있는 나머지 형제들이 이곳에 오지 않기를 간절히 원하였습니다.

성경에서는 인간을 악하게 보기 때문에 체벌을 지지합니다. 근실히 징계하는 것이 참사랑이니 훈계하고 때려서라도 그 영혼을 구원하라고 말씀합니다. 주님은 "네 손이 범죄하거든 찍어버리라. 한 손으로 영생에 들어가는 것이 두 손을 가지고 꺼지지 않는 지옥불에 들어가는 것보다 낫다"라는 다소 극단적인 표현까지도 사용하셨습니다. 길게 보면 흐름은 체벌 금지로 가겠지요마는 급한 외상이나 중병에는 수술칼 들이대고 수술해야 하고, 가벼운 병은 상담이나 약으로 치료하듯 체벌 역시 사안별로 조치를 취해야 할 것입니다. 그리고 문제를 일으키는 학생의 인권이 중요하다면 피해를 보는 다수의 선량한 학생들의 인권도, 교사의 인권도 다 같이 중요하니까 보완책이 필요하겠지요.

체벌 부작용의 가장 큰 원인은 사랑의 부재입니다. 사랑으로 체벌하고 상대가 사랑으로 받아들이면 무리가 없을 것입니다. 그런데 우리 주일학교만 보더라도 교사들의 심정에 얼마나 하나님의 사랑이 부어져 있는가를 생각하면 저 자신부터가 너무나도 부끄럽네요. 사도바울은 "그리스도 안에 일만 스승이 있으되 아비는 많지 않다"고 탄식합니다. 단순한 성경지식전달자가 아닌 부모의 마음을 품은 교사만이 학생을 변화시킬 수 있습니다. 하나님이 우리에게 자식을 주신 이유는 자식을 키우며 하나님의 심정을 이해하고 그 마음으로 네 영적인 자식들까지 사랑하라고 하신 것이 아닐까요? 비록 지식은 좀 부족해도 '영적 아비의 마음'으로, '교육 teaching '이 아닌 '양육 nurturing' 을 해 주기를 하나님은 원하실 것입니다.

주5일수업제

미국의 자동차 왕 헨리 포드는 1903년 자동차 회사인 포드사를 설립했는데 1914년에 자신이 경영하고 있던 자동차 공장에 컨베이어 시스템을 도입합니다. 이는 모든 작업을 단순 작업으로 분해하여 일정한 속도로 이동하는 컨베이어로 전체 공정을 연결하여 생산하는 시스템입니다. 포드 시스템은 인간을 기계의 부품으로 전락시키고, 생산과정에서 노동자들의 숙련의 필요성을 감소시키고 사회적으로 노동을 평준화시켰지만 분업과 대량생산을 통해 원가를 절감해 생산효율을 크게 향상시켰습니다.

이렇게 대량생산된 차가 잘 팔리도록 고속도로를 만들고, 사람들이 차를 타고 주말에 놀러 가 더 많은 물건들을 소비하도록 주5일근무가 시작된 것입니다. 물론 주5일근무제가 생산에 더 효율적이라는 각종 데이터를 제시하는 것으로 유희 본능을 합리화하면서 말이죠. 하지만 이는 산업사회 자본주의의 산물이었습니다. 주말비용을 충당하려고 주중에 더 많은 일을 해야 했고, 소비를 위한 삶으로 전락해 버렸으니까요.

관공서과 대기업들이 주5일 근무를 실시하자 학교들도 2006년부터 격주로 주5일수업제를 실시해 왔는데 이제 전면적으로 시행된다고 합니다. 이와 맞물려 가족 단위의 여가가 대폭 늘어날 거라는 전망에 여행 관련주와 항공업종의 주가가 큰 폭으로 올랐고, 사교육 수요가 더 늘어날 것이라는 전망에 교육주식 가격도 상승했다고 합니다. 하지만 무엇이나 양면성이 있으니 주5일 수업제의 부작용을 걱정하지 않을 수가 없군요.

하나님은 엿새 동안 세상을 창조하시고 제7일에 안식하시고 그날을 복되게 하셨습니다. 하나님이 '보시기에 좋았더라' 하신 것은 피조물들이 창조의 섭리에 순응할 때였죠. 하나님이 제7일에 안식하셨듯이 엿새 동안 열심히 일하고 안식일에는 쉬면서 하나님의 복을 받는 것이 창조 섭리에 순응하는 것일 텐데요.

현대는 안식을 잃어버린 시대입니다. 사람들은 몸과 정신의 안식을 찾아 산으로 들로 바다로 공원으로 헤매지만 참된 안식은 얻지 못해요. 세상에서의 휴식은 거짓된 휴식입니다. 진정한 안식은 우리의 영혼육을 만드신 하나님 안에서만 맛볼 수 있으며, 창조의 섭리에 따라 살 때만 비로소 누릴 수 있습니다. 그러한 안식만이 세파에 시달린 우리 영혼육의 피폐함으로부터 온전한 회복을 가져다 줄 것입니다. 그 상태가 바로 하나님 보시기에, 또 사람에게도 가장 좋은 상태입니다.

구약에서는 출애굽한 이스라엘 백성들에게 안식일을 거룩히 지킬 것을 명령하셨고, 신약에서는 예수님이 금요일에 십자가에 달려 돌아가신 후 3일 만에 부활하신 것을 기념하는 날로 주일을 지켰습니다. 안식일에 병을 고치시고 회당에서 말씀을 선포하신 주님은 지금도 주일말씀을 통해 치유와 교육의 일을 해 나가십니다. 주일은 세상살이에 지친 우리의 심령이 회복되고 상처가 치유되고 죄사함을 받고 살아갈 새 힘을 얻는 날입니다. 무엇보다도 이 땅에서의 삶이 전부가 아니라 영원한 나라에서 안식할 존재, 그런 의미에서 이 땅에서 더욱 구별되게 살아야 할 우리의 정체성을 되새기는 날입니다. 언젠가는 이 땅이 아닌 하나님 나라에서 눈을 뜰 그 아침이 오지 않겠어요? 그런데 하나님이 복을 주시려고 정해 놓으신 주일에 그 복을 거절하고 향락문화에 젖게 되면 개인의 영적인 삶의 질과 교회의 미래는 어떻게 될까요.

옛 친구

20년 만에 친구를 만났습니다. 전에 파주에서 살 때 같은 교회에 다니던 친구였는데요. 두 번쯤은 강산이 변할 만큼의 세월이 지난 후에 만난 그 친구에게 참 많은 변화를 느꼈습니다.

늦게 공부하는 남편의 뒷바라지를 위해 무언가 경제활동을 해야만 할 때에, 누가 보험일에 종사할 것을 권유해 시작하려는데 몹시 두려웠다고 해요. 순진한 주부가 사회 활동을 시작하려니 걱정이 앞섰던 게지요. 그래서 하염없이 울면서 "하나님, 왜 제게 남들이 별로 좋아하지 않는 일을 하게 하십니까? 제가 과연 이 일을 할 수 있는지 없는지 그것만 알려 주세요."라고 기도했대요. 그때 하나님이 "너는 왜 모든 일을 네가 한다고 생각하느냐? 일은 내가 한다."라고 응답하셨대요. 그 후 용기를 얻어 믿음으로 보험설계사 일을 시작했는데 정말 희한하게 사람들을 붙여 주시더랍니다. 첫 달에 26명을 개척하여 가입시킨 것을 기점으로 하여 18년째 열심히 종사해 온 결과 현재 연봉이 2억 5천만 원이라고 합니다. 유순하고 평범하던 아줌마가 그렇게 대단한 사람이 될 줄을 누가 알았겠습니까. 참으로 여성의 잠재력이 무한하죠. 그 친구는 섬기는 교회에서 선교와 여러 사역을 위해서 필요할 때마다 거룩한 부담을 안고 기쁜 마음으로 헌금을 한답니다. 여건이 되든 안 되든 무언가 드리고 싶은 것이 있으면 그건 하나님께서 주신 마음이더라면서 그것을 하게끔 해 주셨다고 해요. 철저한 청지기적 물질관을 가지고 주님이 주신 물질을 주님의 뜻대로 사용하고 있는 그 모습이 참으로 귀해 보였습니다. 그 교회를 사용하시는 주님의 마음이 얼마나 든든할까요? 그야말로 주님의 오른팔이 된 셈이죠.

바울이 유럽에 첫 교회를 개척한 것은 자주 장사 루디아의 도움이 컸습니다.

유럽 교회의 첫 관문이 한 여성에 의해서 열린 거죠. 저는 그 친구가 루디아 같다는 생각을 했습니다. 그 교회 목사님의 목회의 비전 중의 하나가 해외에 교회를 세우는 것이었다고 해요. 그래서 그 친구는 목사님의 권면에 순종해 맨 처음으로 인도네시아에 교회를 세웠대요. 그것을 시발점으로 하여 그 교회 성도들이 해외 여러 곳에 교회를 설립하고 지원하는 일을 해 오고 있다고 합니다. 해외에는 무슬림 사원이 생기면 무슬림 신자가 늘고, 교회를 세우면 그 교회 크기만큼 기독교 신자가 채워진대요. 그러니 교회를 세울 필요성이 큰 거죠.

이 친구는 자녀들의 학교 문제로 서울로 이사를 오려고 애를 썼는데 그게 마음대로 되지 않았다고 해요. 그래서 교회를 떠나지 말라는 하나님의 뜻인가 보다 하고 그곳에 계속 살게 되었는데요. 하나님이 그 교회와 그 목사님을 사랑하시고 하나님의 비전을 실현하기 위해 순종의 한 사람을 예비하시고 그에게 물질을 주시고 그 사용에 있어서 다른 이들의 본이 되게 하신 것이죠.

주님은 물질뿐만 아니라 여러 가지 은사, 그것이 보이는 것이든 혹 보이지 않는 것이든, 사람들에게 부각되는 것이든 전혀 부각되지 않는 것이든 그것을 주님을 위해 기꺼이 내어주기를 원하실 것입니다. 하나님의 나라를 확장시키기 위해 내게 주신 은사가 무엇이며, 무엇을 위해 그것을 예비하게 하신 건지 헤아려 보는 하루가 되기를 바랍니다.

인생의 그림

제가 신앙을 갖게 된 것은 고교시절 선배 언니네 집에 놀러갔다가 기독교 문화쇼크를 받고 제 삶에 어떤 그림을 그렸기 때문입니다. 제 아버지는 가부장적이셨어요. 게다가 편찮으셔서 예민하신 탓에 우리는 늘 아버지를 두려워했습니다. 물론 저는 딸부잣집에서 막내로 남동생을 보게 해 준 복딸이라고 해서 아버지의 특별대우를 받았지만 저도 내심 아버지가 무서웠답니다. 그런 아버지였지만 일찍 돌아가시는 바람에 저는 가정의 단란함이 뭔지를 모르고 몹시 가난하고 외롭게 성장했어요. 진학은 꿈도 못 꾸고 그냥 시험이나 한번 보자고 친 것이 어떻게 붙자 어머니가 재봉틀을 팔아 학비를 마련해 주시고, 저는 읍내 선배 언니의 헌 교과서랑 닳아빠진 교복을 얻어서 먼 길을 열차통학을 하며 어렵사리 학교에 다녔어요. 학기 초에 동아리 선배 언니 집에 놀러 갔는데, 촌뜨기가 처음으로 도회지의 예쁘장한 양옥집에 들어가는 순간부터 기가 죽었는데 들어가서는 더 놀랐어요. 저는 남편이 아내에게 그렇게 자애로운 표정으로 그렇게 부드럽게 경어를 쓰는 가정을 처음 보았거든요. 저는 그 인자한 표정과 부드러운 목소리를 아직도 생생하게 기억해요. 그때 어린 마음에 '아하, 예수를 믿으면 이렇게도 사는구나. 나도 이 담에 크면 예수를 믿고 저렇게 살아야겠다.' 이렇게 마음속에 그림을 그렸죠. 그 가정은 새벽에 온 가족이 일어나 먼저 말씀을 보고 기도하고 하루를 시작하는 경건한 가정이었어요.

그런데 몇 년 전 하나님이 제게 "얘. 네 가정의 그림이 네가 꿈꾸던 그림보다 더 낫다."라고 말씀하셨어요. 그래서 "뭐가요?" 라고 반문하니까 "그 아버지는 앉아서 말로 했지만 네 남편은 몸으로 직접 도와주지 않니?" 그러고 보니 하나님께서는 제가 그렸던 그림보다 더 좋게 그려 주셨더라고요. 남편은 저보다 일곱 살이나 많지만 제게 경어를 쓰고요. 집안일도 많이 도와줍니다. 일과를 마친 후 그날 있었던 일들과 성경말씀을 서로 나누고 기도하는 시간이 하루 중 가장 행복한 시간입니다. 저의 집에 공부하러 오는 애들은 저의 가정을 보고 부러워해요. 저는 하나님께 큰 은혜를 입은 저의 가정이 그 애들에게 좋은 그림이 되어 줄 거라는 생각을 합니다. 실제로 저의 자녀나 가정을 롤 모델로 삼는다는 사람이 더러 있습니다.

"너희 안에서 행하시는 이는 하나님이시니 자기의 기쁘신 뜻을 위하여 너희에게 소원을 두고 행하게 하시나니"라는 말씀 중 '소원'이 곧 우리의 그림이라고 볼 수 있는데요. 누구나 이게 필요하다고 생각합니다. 가정과 자녀, 교회, 사회에서의 그 일원으로서의 미래의 그림요. 그림은 언젠가는 현실이 됩니다. 하나님이 도우시면 더 좋게 되죠.

사실 하나님이 '너는 이렇게 될 거다'라고 미래를 확실하게 보여주시는 건 아닙니다. 그런 중에도 방향만이라도 정하고 하루하루 성실하게 살아가다 보면 그 그림의 초점이 점차 명확해질 것입니다. 사람마다 받은바 은사가 다르고 각자의 분량이라는 것이 있으니까요. 어떤 일에 종사하든지—룻은 며느리 노릇 하나 잘해서 성공한 여자잖아요? 그처럼 남 보기에 근사한 일이 아니어도 좋아요—그 과정에서 나를 향하신 하나님의 비전을 발견하고 그것을 성취하려고 노력하는 과정에서 살아계신 하나님을 경험하는 것이 우리 삶의 기쁨이고 힘이고 행복이 아닐까요.

타인의 의미

　다니엘 디포의 〈로빈슨 크루소〉는 로빈슨이 배가 파선하는 바람에 무인도에 정착했다가 30년 만에 영국으로 돌아온 과정을 그린 소설인데요. 미셸 투르니에가 이 작품을 패러디합니다. 작가가 인식한 원작의 문제점은 첫째, 하인 프라이데이가 있으나마나한 물건 같은 존재라는 것, 진리는 백인인 로빈슨의 입에서만 나온다는 것입니다. 로빈슨은 문명인을 자처하며 자연도 지배하고, 원주민 프라이데이를 열등하게 여기고 길들이려 하죠. 그래서 작가는 흑인 방드르디가 핵심적인 역할을 맡도록 바꿉니다. 마치 〈춘향전〉을 〈방자전〉으로 패러디한 것처럼요. 두 번째는 모든 것이 회고적인 시각에서 처리되어 있다는 것입니다. 로빈슨은 혼자이면서도 스스로 총독이 되어 헌장을 만들고 질서와 법칙을 제정하고, 물시계를 만들어 설치하고 엄격한 일과표에 의해 생활하며, 농사를 짓고 가축을 기르며, 일지를 쓰며, 난파한 배의 표류물을 주워 모아 섬 안에 과거의 영국을 재현하고자 몰두합니다. 작가는 방드르디를 내세워 로빈슨이 세웠던 문명적 시설들을 파괴하고 새로운 일을 하도록 돕습니다.

　이러한 이유에서 제국주의적 시선으로 점철되고 타자를 주변화한 〈로빈슨크루소〉는 미셸 투르니에에 의해 타자를 격상시킨 〈방드르디, 태평양의 끝〉으로 거듭납니다. 서구 문명을 상징하는 로빈슨 대신에 서구의 타자인 방드르디의 이름을 제목에 넣은 것부터가 작가의 패러디 이유를 알 수 있게 해 줍니다. 두 작품은 여러 면에서 차이를 보이지만 가장 극명한 차이는 타자를 어떻게 대하느냐 하는 것입니다. 프라이데이로 대할 수도 있고 방드르디로 대할 수도 있습니다. 사실 타자 없이는 나의 존재도 무의미합니다. 21세기 문명사회를 살아가는 또 다른 로빈슨크루소인 우리들은 타인 없는 무인도 같은 세상을 갈망하면서도 아이로니컬하게도 타인과 함께 있는 세상을 요구합니다. 더불어 사는 세상에서 중요한 것은 우리가 타인을 대하는 태도인 것입니다. 혹시 타자를 내가 가르쳐야 할 대상으로, 지배당하고 다스림 받는 주변인으로 격하시켜 대하지는 않나요? 아니면 동료이자 안내자로 존중하나요? 혹시 사람을 기능적으로 보아 교체 가능한 부품처럼 대하지는 않나요? 우리가 사람을 대하는 태도는 곧 우리가 하나님을 대하는 태도라고 보아도 무리가 아닐 것입니다.

장미꽃을 둘러싼 안개꽃은 장미꽃의 입장에서는 배경이지만 안개꽃 입장에서는 함께하는 주역입니다. 최옥의 시 〈당신은 내 인생에 참 좋은 몫입니다〉 일부분을 들려드리면서 마치겠습니다. 서로가 서로의 인생에 좋은 몫들이 되어주었으면 좋겠습니다.

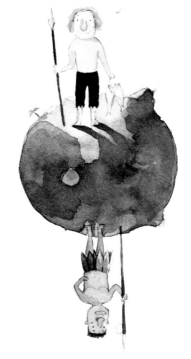

당신이 아프거나 절망할 때
내가 쏟았던 눈물을 당신은 모르겠지만
우리가 삶의 모퉁이를 돌 때마다
그 눈물 속에 한 번씩 나를 담궈본다는 사실
또한 당신은 모르겠지만
당신은 내 인생에 참 좋은 몫입니다.

사랑한 시간보다
미워한 시간이 더 많았다는 거
사랑한 마음 한 번으로
열 번 백 번 미워한 마음 지웠다는 거
괴롭고 슬픈 날 위에 기쁘고 즐거웠던
기억 얹으며 조용히 견뎠다는 거
당신은 모르겠지만
당신은 내 인생에 참 좋은 몫입니다.

소통장애

고려대 사회학연구소가 발표한 논문에 따르면 타인과의 소통 과정에서 최대 장애 요인은 상대와의 이념 차이라고 합니다. 소통지수는 이념차 17.4%, 지지 정당차 19%, 종교차 23.8%, 성별차가 36.5%로 높게 나타났고, 학력차, 빈부차, 연령차 등이 소통의 장애로 꼽혔습니다. 한국인이 인식하는 평균 사회 갈등 수준은 10점 최고점에 6.9점인데요. 5년 전에 비해서도 갈등이 더 심각해졌다거나(40.8%) 비슷하다(44.4%)고 보는 사람이 압도적 다수였다고 하네요. 갈등의 주된 발원지는 가족(53.5%)으로 나타났는데, 이는 가정 내 여전히 성 불평등으로 인한 갈등이 존재하고 가족 간에 소통장애가 있다는 것을 의미합니다.

'소통疏通'이란 '뜻이 서로 통하여 오해가 없다', '간격이 성글어서 막힘이 없이 잘 통한다'는 뜻입니다. 바람과 햇빛이 잘 드나들 수 없을 정도로 나무가 빽빽하게 들어서 가지와 뿌리가 서로 뒤얽힌 숲은 갑갑하죠. 소통이 안 되는 사회는 마치 이런 숲과 같습니다. 하지만 한 치의 양보도 없이 햇볕과 영양분을 차지하려고 서로 얽히고설키면 결국 다 고사하지 않겠어요? 소통이 잘 되는 좋은 숲에는 다양한 동식물들이 어울려 살아갑니다. 우리가 추구하는 행복한 가정과 바람직한 사회도 바로 이런 숲과 같은 것이겠지요.

원래 하나님이 만드신 세상은 소통이 잘 되던 곳이었어요. 에덴동산에서 아담은 하나님과 대화하고, 동식물들과도 대화하며 이름을 지어주기도 했죠. 그런데 하와가 금단의 열매를 따 먹고 쫓겨 난 후 소통이 단절되었어요. 바벨탑 사건 이후엔 언어가 나뉘어 소통장애는 더 심화되었습니다. 두 사건 다 자기가 하나님보다 더 높아지려는 마음, 하나님보다 자기를 중히 여기는 마음이 초래한 단절의 비극인데요. 이로 볼 때 소통의 부재는 곧 하나님의 부재, 교만으로 인한 죄이며, 사람 간의 소통장애를 해결하려면 하나님과의 소통을 회복해야 함을 알 수 있습니다.

장차 다가올 메시아의 세계에서는 태초처럼 하나님과 사람과 다양한 동식물들 간의 완전한 소통이 이루어질 것입니다. 그때는 맹수들과 순한 초식동물들과 어린 아이가 함께 누우며 사자가 풀을 먹고 젖 먹는 아이가 독사의 구멍에 손을 넣고 장난하게 될 것입니다. 태초에는 이종異種 간에도 소통이 되었는데, 지금은 서로 협력하고 살아도 모자랄 같은 종들 사이에 동질성보다는 온갖 신념과 사상, 권위, 학벌, 물질, 직업, 가치관, 피부색, 인종, 국적, 언어, 취향, 경험 등의 차이에 주목해 차별화하다 보니 소통부재 현상이 심해지는 것 같아요.

우리는 모두 부족하고 다 다르지요. 그래서 서로가 보완의 의미를 지니고 있습니다. 나와 다른 사람, 심지어 나를 반대하는 사람도 '나'를 내려놓고 '주님의 마음'으로 '나'를 보완해 주는 '그'를 받아들일 때 우리 사회는 더욱 조화롭고 건강하고 풍요해질 것입니다.

하나님과의 소통 그 출발엔, 사람과의 소통이 선행되어야 함을 강조하셨던 주님의 말씀이 생각납니다. 언젠가는 소통이 자유로운 파라다이스에 이르겠지만, 그 파라다이스를 향해 발을 내딛는 우리 자신에게 하나님은 소통의 책임을 면제시켜 주지는 않았으니까요. 우리가 이웃을 향해 낮아져 소통의 문을 열수록 하늘로 향한 소통의 문도 훨씬 가까워질 거예요.

악마의 덫

"나라가 썩었다" 어느 신문의 사설 제목입니다.

요즘 부산저축은행 비리 사건에 이어 국가대표급까지 포함된 프로축구 K-리그의 승부조작 사건이 이슈가 되고 있습니다. 16개 구단 전체에서 발생했고 10명 중 한 명꼴로 승부조작에 연루되었다니 마치 부패와 비리의 거대한 탁류가 온 나라를 휩쓸며 흐르고 있는 것 같습니다.

승부를 조작한 이유는 스포츠 복권에서 거액의 배당금을 타내기 위해서입니다. 그들이 처음에 축구에 입문한 목적이 무엇이었던가요. 목적을 상실한 채 목전의 이익에 눈이 멀어 축구팬들을 기만하고 우롱하는 배신행위를 함으로써 스스로 파멸의 나락으로 떨어진 것이죠. 그야말로 "돈을 사랑하는 것이 일만 악의 뿌리"가 되었습니다. '스포츠 경기'라고 하면 정정당당한 경쟁, 공정한 룰을 떠올리게 되는데요. 사람들은 이제 '프로 축구'라는 말을 듣는 순간 승부조작의 이미지를 연상하게 될 것입니다. 신뢰를 회복하려면 엄청난 자정노력이 있어야 할 겁니다.

이와 관련해 전직 프로축구선수였던 정모씨가 검찰의 수사망이 좁혀 오자 자살하였습니다. 전 순천대 총장도 이와는 다른 비리에 연루돼 자살하면서 "나는 악마의 덫에 걸렸다. 이 모든 일이 내가 소중하게 여겨온 '만남'에서 비롯됐다."라는 내용의 유서를 남겼습니다. 프로 축구선수들도 선후배 동료들이 브로커가 되어 회유와 조폭까지 동원한 협박을 통해 승부조작을 권하였다니 거절하기가 어려웠을 것입니다. 사탄은 '인맥'과 '돈'을 미끼로 덫을 놓았습니다. 그 덫은 개인적으로나 사회적으로나 영적으로 매장시키고 사랑하는 모든 것들과 맞바꾸게 만듭니다.

　남 유다의 여호사밧과 북 이스라엘의 아합이 결탁해 아람을 치자 이에 대해 하나님이 선지자를 보내 "왕이 악한 자를 돕고 여호와를 미워하는 자들을 사랑하는 것이 옳으니이까?" 라고 책망하고 진노가 임할 것을 예언합니다. 그 후 여호사밧이 또 심히 악한 아하시야와 연합하여 배를 만들자 하나님이 여호사밧을 책망하시고 그 배들을 파해 버리십니다. 악한 자와 교제를 끊으라는 경고였습니다. 또 아하시야가 요람과 결탁해 아람을 친 후 요람을 방문할 때 하나님이 그를 죽이십니다. 이처럼 남 유다는 북 이스라엘과의 연합에서 득 본 적이 없는데도 인간적인 생각에 교제를 끊지 못하는 것입니다. 우상을 숭배하고, 하나님이 함께하지도 축복하지도 않는 자, 하나님의 은혜를 모르는 자와 연합하지 말라는 신호를 무시한 결과가 무섭습니다.

　누구를 만나느냐에 따라 우리 인생이 뜻밖으로 달라집니다. 관계 속에서 태어나서 살다 가는 우리 인생에서 만남은 운명을 좌우합니다. '만남'은 그 사람의 과거, 현재, 미래의 가능성, 인격, 성품, 신앙, 가치관, 도덕성, 지식 등 그의 모든 인적·물적·정신적 네트워크와 동시에 만나는 것입니다. 다행스러운 것은 이 만남이 선택적이라는 것입니다. 상대방의 양심을 일깨워 줄 자신이 없다면 차라리 만나지 않는 것도 '관계의 덫'을 피하는 방법의 하나가 될 것입니다.

　서로를 고통과 파멸로 추락시키는 만남, 우리 주님의 마음을 아프게 하는 만남이 아니라 서로를 세워주고 살려주는 만남, 주님을 기쁘게 하는 만남으로 우리의 모든 관계가 변화되었으면 좋겠네요.

테러

국제 테러단체 '알카에다 아랍어로 '기초' 또는 '군사기지'라는 뜻' 의 지도자인 오사마 빈라덴이 파키스탄의 은신처에서 미군 특공대에 사살됐습니다. 미국은 그 한 사람을 잡으려고 10년 동안 4,000억 달러 (430조 원) 를 썼다고 합니다. 그의 목 앞엔 2,700만 달러의 현상금을 내걸고, 시간이 얼마나 걸리든지 비용이 얼마나 들든지 간에 끈질기게 추적해 3천 명이 희생된 9 · 11의 책임을 물어 10년 만에 결국 응징한 것이죠. 오바마 대통령은 빈라덴의 사살을 발표하면서 "정의가 실현되었다."라고 말했습니다.

하지만 빈 라덴이 없어진 세상이라고 해서 평화로울까요? 폭력은 폭력을 낳게 마련이지요. 보복 테러를 대비해야 할지도 모릅니다. 9 · 11테러로 인해 발발한 전쟁으로 아프가니스탄과 이라크가 초토화되었고, 미군은 물론 수십만 명의 무고한 시민들이 희생되었습니다. 또한 전쟁비용 등 대테러 직간접비용도 어마어마합니다. 〈파이낸셜타임스〉는 빈라덴이 미국 납세자들의 돈 2조 달러 (2,148조 원) 이상을 지출하게 했으며, 간접적인 비용을 포함하면 그 이상이라고 보도했습니다. 그런데도 테러는 근절되지 않습니다. 테러의 유형도 과거와 달리 무차별적인 대량 인명살상에, 명분이나 동기가 불분명하고, 대중의 지지를 의식하지 않으며 자신을 숨깁니다. 폭탄공격, 항공기 납치, 인질납치, 사이버 테러 등 양상도 다양합니다.

이렇게 세상이 불안할수록 평화에의 갈망과 안전지대의 필요성은 더 커지죠. 하지만 이 세상에 안전한 곳이 있을까요? 테러로 인한 고통과 사망과 애통과 상처가 없는 영원한 안전지대, 천국을 바라보며 하나님이 이 땅에도 평화를 주시기를 기도합니다.

인류의 조상 아담의 큰아들 카인은 동생 아벨을 시기한 나머지 쳐 죽였습니다. 카인은 인류 최초의 살인자이며 테러리스트인 셈입니다. 그 마음에 정당하지 못한 분노가 자리 잡아 그것이 쓴뿌리가 되어 폭력과 살인이라는 불미스러운 열매를 맺은 것입니다. 하나님은 카인에게 죄의 소원을 다스리라고 경고하셨지만 카인은 죄의 소욕과 자신의 감정을 따라 행동하였기 때문에 두고두고 악과 불명예의 대명사가 되었습니다. 카인 이후의 테러리스트들도 그 명분이 어떻든지 간에 그 마음에 적대감과 분노가 자리하고 있습니다. 9·11테러도 걸프 전쟁 시 사우디에 주둔한 미군과 군사시설에 대한 빈 라덴의 반감으로부터 출발했습니다. 메카와 메디나가 있는 신성한 이슬람 성지를 어떻게 사탄의 축인 미국의 보호를 받게 만들고 남녀가 엄격히 구분되는 전통적인 이슬람 국가에서 국가 수호를 미국 여군에게 맡기느냐는 극단적인 논리였죠. 그는 사우디 왕실과 미국 시설을 공격해 사우디에서 추방당하자 이슬람 지하드 성전, 聖戰 를 내세워 미국에 동조하는 세력을 키워 테러를 감행해 왔습니다. 미국 역시 이를 빌미로 대테러전쟁을 단행했죠.

테러리스트들은 폭력을 사용해 대중들의 공포심을 조장하며, 자신들의 목적을 이루는 방법에 있어서 사탄의 방식으로 해결한다는 특징이 있습니다. 9·11테러처럼 민간인 대량살상 같은 것도 정당화시킵니다. 그런데 마음의 분노를 다스리지 않으면 언제 우리도 '작은 테러리스트'가 될지 모르지요. 마음을 다스리지 못해 거칠게 폭력을 행사할 수도 있고 아니면 말폭탄을 터뜨려 상대방의 마음을 전쟁터처럼 초토화시키고, 그의 생을 간접적으로 파멸에 이르게 하는 경우도 있을 테니까요.

이 수박처럼, 여러분의 진정한 가치와 맛을 알아주는 사람을 만나기 바랍니다.
무엇보다도 다른 사람은 혹시 알아보지 못해도, 여러분의 진짜 가치와 맛을 아시는
하나님이 여러분과 늘 함께한다는 사실을 한 순간도 잊지 마세요~

PART
4

7 8월

Jul - Aug

수박
먼지와 모래
날씨
물
돌
바다
자연의 힘. 인공의 힘
소말리아 해적
일본 지진 재난
남한산성 다시보기
슈퍼박테리아
찬양의 힘
의식의 지도
기회비용
인셉션-내 삶의 주인
독재

수박

더운 여름, 시원~한 수박을 드시면서 더위를 식히기도 하실 텐데요. 드시면서 수박씨의 힘을 한번 생각해 보셨는지요. 수박씨에는 흙을 밀어젖히고 나오는 힘이 있는데요. 자기보다 무려 20만 배나 더 무거운 것을 뚫고 나온다네요. 정말 힘이 장사죠?

진초록의 겉껍질에 검정 줄무늬, 그 안쪽에는 하얀 껍질, 그 안쪽에는 다시 까만 씨가 촘촘히 박힌 붉은 속을 어떻게 만들어 낼 수 있는지 가만히 들여다볼수록 참으로 신비롭지요. 그 하나하나의 씨는 또다시 제각기 자기 무게의 20만 배를 뚫고 나올 것입니다.

수박씨 하나도 이렇게 경이롭고 신비하다면, 하나님의 말씀의 힘은 얼마나 크고 놀라울까요? 만약 우리가 마음의 문을 열고 마음의 밭에 말씀의 씨앗을 뿌리면 수박씨가 자기의 20만 배가 되는 흙을 뚫고 나와 커다랗고 맛있는 수박이 되는 것보다 더 놀라운 변화가 여러분의 삶에도 일어날 것입니다.

처음에 수박 이야기로 시작했으니 수박에 관한 시 한 편 소개하면서 마칠게요. 이응인의 〈수박끼리〉라는 동시입니다.

수박이 왔어요 달고 맛있는 수박
김씨 아저씨 1톤 트럭 짐칸에 실린 수박
저들끼리 하는 말
형님아 밑에 있으이 무겁제, 미안하다.
괜안타, 그나저나 제값에 팔리야 될낀데.
내사 똥값에 팔리는 거 싫타.
내 벌건 속 알아주는 사람 있을끼다 그자.
그래도 형님아 헤어지마 보고 싶을끼다.
간지럽다 코 좀 고만 문대라.
그래 우리는 사람들 속에 들어가서 다시 태어나는 기라.
털털거리며 저들끼리 얼굴을 부비는 수박들.

재미있는 시죠?

이 수박의 소원은 세 가지군요. '제값에 팔리는 것, 벌건 자기 속을 알아주는 사람을 만나는 것, 사람들 속에 들어가 다시 태어나는 것'이네요.

이 수박처럼, 여러분의 값을 제대로 쳐 주는 사람이 많았으면 좋겠고요, 여러분의 속도 알아주는 사람이 있었으면 좋겠고요, 모두가 다 주님 만나서 다시 태어났으면 좋겠습니다.

그리고 이 수박처럼, 여러분의 진정한 가치와 맛을 알아주는 사람을 만나기 바랍니다. 무엇보다도 다른 사람은 혹시 알아보지 못해도, 여러분의 진짜 가치와 맛을 아시는 하나님이 여러분과 늘 함께한다는 사실을 한 순간도 잊지 마세요~

먼지와 모래

장마철이라 비가 자주 오는데요. 비가 내리는 원리가 궁금하지 않으세요?

공기 중에 떠 있는 수증기가 포화상태가 되면 물방울로 응결되고요. 그것들이 모여서 구름이 된대요. 구름이 비가 되려면 응결핵이 있어야 하는데요. 바닷물에서 튀어나온 소금 알갱이, 공장 굴뚝의 연기 알갱이, 자동차 배기가스, 흙이나 돌에서 생긴 먼지 따위들이 다 응결핵이 됩니다. 이 응결핵이 수증기와 결합하여 물방울이 되고, 그것들이 둘레의 물방울들과 결합해 점점 커지면서 중력을 이기지 못하고 빗방울이 되어 땅으로 떨어지는 것입니다.

사실 아무리 좋은 땅이라도 비가 계속 오지 않으면 사막이 되죠. 우리 생활에 꼭 필요한 비가 오는 데 결정적인 역할을 하는 먼지……. 하잘것없는 먼지의 가치가 새삼스럽게 다가오네요.

인간은 흙으로 지음 받고 흙으로 돌아가는 존재이며, 티끌 가운데 거하는 존재입니다. 이는 믿지 않는 사람들도 아는 사실이에요. Kansas는 'Dust in the wind' – '우리는 모두 바람 속의 먼지 같은 존재'라고 노래했습니다. 믿음의 조상 아브라함도 기도하면서 하나님께 자기를 '티끌'과 같다고 고백했지요. 그런데도 하나님은 그렇게 비천한 우리를 보배롭고 존귀하게 여긴다고 말씀합니다. 흙먼지처럼 보잘것없는 우리를 그토록 귀히 여겨주시는 은혜를 생각하니, 우리가 주변의 사물이나 사람에 대한 가치를 제대로 평가해 주고나 있는지 반성하는 마음을 갖게 됩니다.

오늘날을 정보의 시대라고들 하는데요. 정보의 혁명은 모래의 혁명이라고도 하죠. 모래는 컴퓨터 반도체를 만드는 원료가 되기 때문이에요. 현재 우표

한 장의 크기에 트랜지스터가 20억 개. 엄지손톱만 한 반도체 칩 속에 원고지 32만 매에 해당하는 글자수의 정보가 기억될 수 있다고 하는데요. 이런 엄청난 반도체의 원료 중 하나인 실리콘 웨이퍼 규산염은 모래, 흙, 돌 등이 주원료라고 합니다.

반도체를 만드는 데 없어서는 안 되는 모래……. 밤하늘을 수놓아 무수한 어린이들에게 꿈을 주고 시인들에게 영감을 주는 아름다운 유성체들도 우주의 티끌과 먼지입니다.

그런데요. 먼지와 모래가 그런 가치가 있다면, 우리 주변에 쓸모없어 보이고 사소하게 여겨지는 것들도 우리가 알지 못하는 어떤 가치를 갖고 있을지 모릅니다. 가치는 부여하기 나름이거든요. 뉴욕시의 지하철 티켓, 브로드웨이 입장권, 양키즈 구장에서 버린 맥주 캔 등의 쓰레기들도 미국의 문화라면서 박스에 담아 판다고 해요. 미술가 막스 에른스트는 시효가 지난 티켓과 신문지, 음식포장지, 눌린 꽃 등을 모아 예술을 탄생시켰습니다. 사용하고 나서 쓸모없다고 버린 흔해 빠진 일용품도 예술로 승화될 수 있는 것입니다.

이 같은 쓰레기라 할지라도 모종의 가치가 있다면 우리는 말해 무엇하겠습니까. 흙먼지와도 같은 우리를 가치 있다시며 귀히 여기시는 하나님의 눈으로 오늘 남은 시간은 그런 것들에 숨어 있는 가치를 찾아보시는 것이 어떨까요?

날씨

여름이라서 날씨가 고온다습하고 변덕스럽지요? 곧 반갑지 않은 태풍도 오겠네요. 하지만 길게 보면 장마도, 태풍도 다 필요한 과정이고 곧 지나가는 것이니까…… 그렇게 생각하면 견딜 수 있는 것이지요.

날씨랑 우리 생활과는 아주 밀접해서 우리의 의식주를 지배합니다. 먹는 것만 보더라도 더위를 이기기 위해 요즘엔 삼계탕이나 냉면이나 오이냉국, 수박, 아이스크림 같은 음식을 드시잖습니까?

또 날씨 마케팅이라고 들어보셨어요? 온도가 몇 도냐에 따라 잘 팔리는 게 달라진다네요. 날씨가 나쁘면 레저산업이나 유통업, 건설업 등은 어려움을 겪죠. 비가 오면 홈쇼핑이 잘 되고요.

또 날씨에 따라 바다에 모여드는 어종이 달라지고요. 재배작물종류나 식생분포도 달라지죠. 더워지면 창궐하는 질병들도 있습니다.

농사도 마찬가지입니다. 흉작일 경우 곡식을 찾아 이동하다가 전쟁을 하기도 했습니다. 나쁜 날씨가 계속된다면 심지어 인간의 성품까지도 달라질 수 있습니다. 인간이 날씨의 지배를 받고 살듯 여러 모로 환경의 지배를 받는 연약한 존재라는 것을 생각해 봅니다.

감춰진 것이라 누구나 늘 인식할 수 있는 것은 아닌데, 인간의 지상의 생활은 마치 그림자처럼 항상 하늘의 영적인 진리를 간직하고 있습니다. 날씨에 견준다면 자신의 영적인 상태가 맑음, 흐림, 비, 바람 등일 수가 있는 것입니다. 하나님의 은혜는 때로는 햇빛처럼, 비처럼, 무지개처럼 우리 삶에 임하고, 심판도 천둥번개처럼, 태풍처럼, 홍수와 기근처럼 임합니다.

우리가 처한 상황과 조건에 따라 우리 삶의 날씨도 변화무쌍하지요? 지구상의 날씨는 우리 힘으로 어떻게 못한다지만 영혼의 날씨는 어느 정도 조절이 가능하답니다. 그래서 저는 때로 어려움이 찾아와도 "바람도 비도 주님이 주시는 것이지. 그것들은 햇빛만큼이나 다 필요한 것이지. 비가 와야 땅이 촉촉해지지. 이 비가 그치고 나면 맑은 날씨가 찾아오겠지." 이렇게 생각하면서 주님을 신뢰하는 믿음으로, 지족하는 마음과 감사하는 마음으로 소망 가운데 살아갑니다. 태양이신 주님을 마음에 모셔 들이면 원망과 불평과 염려, 부정적인 생각의 어두운 먹구름이 물러갑니다. 맑은 날이 되도록 영혼의 날씨 조절을 하는 것이지요. 마음이 몹시 추울 때도 태양이신 주님을 마음에 가까이 모셔 서면 잠시 후 몸과 마음이 따스해집니다. 사랑하는 청취자 여러분의 오늘 날씨는 맑음이신가요? 흐림이신가요? 인생의 기후가 변덕스러운 날씨 같을지라도 다 나에게 필요한 과정으로 받으며 오직 소망 중에 견뎌나가시기를 바랍니다.

"다만 이뿐 아니라 우리가 환난 중에도 즐거워하나니
이는 환난은 인내를, 인내는 연단을,
연단은 소망을 이루는 줄 앎이로다 로마서 5:3~4"

물

여름철, 더위를 피하려 산의 계곡으로 바다로 물을 가까이하게 되는 계절인데요. 태초의 에덴동산에서도 네 개의 물 근원이 있었답니다. 그 물이 인간 생명의 근원이 되었지요. 지구상에 이런 물이 존재한다는 것이 참으로 신비하게 여겨집니다. 생각할수록 물은 여러 가지 속성을 지녔으면서 만물을 이롭게 하는 고마운 존재인 것 같습니다.

물은 겸허합니다. 아래로 흐르니까요. 물은 꿈이 있습니다. 어딘가를 희망하면서
더 넓은 곳을 향해 쉬지 않고 부단히 흐르니까요. 물은 친화적입니다.
가다가 막히면 다투지 않고 돌아서 가고, 본질은 변하지 않으면서도 잘 화합하고
순응하며 잘 스며듭니다. 물은 공평합니다. 항상 평평함을 유지하려 하니까요.
물은 차분합니다. 뜨거운 열기도 가라 앉혀 주고 모든 더러운 것을 침잠시킵니다.
물은 청결합니다. 모든 것을 깨끗하게 씻어줍니다. 물은 살리는 힘이 있습니다.
가는 곳마다 시든 것들을 소성시키고 생명의 생기를 불어넣어 줍니다.
물은 관대합니다. 강과 바다 속의 온갖 생물들을 포용하며 삶의 터전이 되어 줍니다.
물은 강인합니다. 그 떨어지는 힘으로 엄청난 에너지를 만들기도 합니다.
물은 끈기가 있습니다. 물방울은 약하고 부드러우나 부딪치는 힘이 아닌
꾸준함으로 돌을 뚫습니다. 물은 어디에나 있습니다. 땅과 하늘, 바다뿐 아니라
우리 사회에도, 인간의 몸과 마음에도 물이 흐릅니다. 그 물줄기의 방향을
잘 조절해야 하고 넘치지 않게 해야 되겠죠. 물은 순환합니다.
모든 무거운 것을 벗어버린 후에 수증기가 되어 하늘로 올라가듯이
우리의 기도도 분향의 수증기가 되어 하늘 보좌에 올라가겠지요.
그 기도는 축복의 이른 비와 늦은 비로 땅에 다시 내려오고요.

모든 인위적인 것을 배척하였던 노자는 물의 자연스러움에 주목하여 상선약

수 즉, 최고의 선은 물과 같다고 말하기도 했습니다. 물이 곧 도 道요, 가장 도에 가까운 인간은 물과 같다는 것입니다. 노자의 말이 아니더라도 진리의 도이신 하나님은 물의 속성을 지니고 있습니다. 이 물이 가는 곳마다 생명이 움트고 자라나며, 삶의 온갖 갈증이 해소되고, 만물이 정화되듯이 하나님의 말씀이 닿는 곳마다 영혼이 소생하지요. 그 물을 마시는 자는 다시 목마르지 않으며, 그 물에 씻김을 받은 자는 성결해집니다.

특별히 물은 남들이 싫어하는 낮은 곳을 지향하여 아래로 흐릅니다. 하나님의 사랑도 물 같은 내리사랑입니다. 높은 하늘보좌에서 이 낮고 낮은 땅위에 오셨습니다. 낮고 비천한, 죄와 허물투성이인 우리에게까지, 사망의 골짜기까지 흘러 임하셨습니다. 그 물의 힘으로 되살아나 새 생명을 얻은 우리도 하나님께로부터 받은 사랑과 은혜를 내 안에 머물게 하지 말고, 우리를 통해 그 누구에게든 그 어디로든 물처럼 흐르게 해야 할 것입니다. 물이 만약 흐르지 않으면 어떻게 되겠습니까.

"이 물을 마시는 자마다 다시 목마르려니와 내가 주는
물을 마시는 자는 영원히 목마르지 아니하리니 내가 주는 물은
그 속에서 영생하도록 솟아나는 샘물이 되리라 요한복음4:13-14"

돌

    우리는 산과 들, 강과 계곡에서 갖가지 모양과 색깔의 암석을 만나게 됩니다. 돌은 변하지 않는 것처럼 여겨지지만 알고 보면 그렇지도 않아요. 대개는 생성된 이후 변화와 소멸을 거듭하며 순환적인 삶을 살아갑니다.

    예를 들어 해변의 모래가 차곡차곡 쌓여 형성된 사암은 지하 깊은 곳에서 높은 압력과 열을 받아 규암으로 변성됩니다. 그 후 지반이 융기하여 지표에 노출되면 비, 바람, 얼음 등에 의해 침식, 풍화되어 다시 모래가 되죠. 이후 모래는 하천이나 강을 따라 바다로 흘러들어가 다시 해변에 쌓입니다. 이게 다시 사암이 되는 것이죠.

    지각 깊은 곳에 있던 마그마가 화산폭발로 지표에 분출돼 마그마인 용암이 굳으면 현무암이 되고요. 지각 깊은 곳에 있던 마그마가 지각의 약한 틈을 뚫고 솟아오르다가 지하 깊은 곳에서 식으면서 고화되면 심성암이 됩니다. 다채로운 형상의 기암들로 가득한 금강산, 설악산 등을 이루는 암석은 심성암 가운데 하나인 화강암입니다. 화강암은 실제로 무척 단단하고 견고한 암석이지만 물을 만나면 쉽게 풍화됩니다.

    땅 속 깊은 곳의 화강암은 지표를 덮고 있던 물질들이 오랜 세월에 걸쳐 비바람에 깎여 나가면 막대한 무게에서 벗어나 부피가 급격히 팽창합니다. 이때 암석의 표면에 수평, 또는 수직의 균열과 틈인 절리가 발생하는데요. 이 절리에 의해 암석이 일련의 블록으로 갈라진 후 갈라진 틈새를 따라 물이 침투해 얼고 녹기를 반복해요. 또한 나무뿌리가 침투하여 쐐기작용으로 그 틈을 벌리기도 하며 지표로 노출된 후에는 암석에 이끼와 초본식물 등이 달라붙어 자라면서 이들이 뿜어내는 물질에 의해 화학적 풍화가 이루어지기도 합니다.

이렇게 다양한 형태의 침식작용과 풍화작용이 오랜 세월 지상과 지하에서 동시에 진행됩니다. 그 과정에서 암석이 각양각색의 형태로 깎여 나가 천태만상의 바위가 그득한 암산으로 태어나게 되는 것입니다.

암석은 환경의 변화에 따라 형태가 달라집니다. 우리는 이 암석처럼 본래의 암질도 타고나지만 환경에 따라 차별침식을 받아 형태가 달라지는 존재입니다. 무수한 삶의 비바람을 맞으며 자아가 침식되고, 마모되고, 때로는 화산처럼 내적감정이 분출하고, 지반이 융기하듯 무의식이 드러나고, 주변의 환경에 화학반응을 보여 변형되기도 하겠지요.

만약 우리가 돌이라면 어떤 모양의 어떤 종류의 돌일까요? 사람은 누구나 부족하다 보니 완벽한 구조를 가져 영원히 변치 않는 금강석은 못되겠지요마는, 위에 계신 하나님과 땅에 있는 우리가 동시에 작용하는 삶의 침식과 풍화를 묵묵히 견뎌낸다면 나름대로 독특하고 가치 있는 삶의 형적을 지닌 아름다운 돌이 될 수 있지 않을까요.

'건축자들마저 포기한 쓸모없는 돌'로 외면당했던 예수님이 역사의 머릿돌이 되어 하나님께 쓰임을 받았던 것처럼, 지금 우리가 사람들에게 제대로 평가받지 못한다고 할지라도 하나님의 손에 의해서 다듬어지고 연단된다면 가장 가치 있고 영예로운 인생으로 변모될 수 있을 것입니다.

바다

동해에 다녀왔습니다. 많은 것들이 바다에 자신의 삶을 깃들이고 있더군요. 물고기들, 해초들, 조개들, 바다새들, 그리고 배들, 어부들, 바닷가 음식점들, 피서객들……. 바다에는 낭만도 있지만, 삶의 투쟁도 자리하고 있습니다.

헤밍웨이의 〈노인과 바다〉의 주인공 산티아고는 84일 동안 고기를 한 마리도 잡지 못하다가 85일째 되는 날 새로운 희망을 가지고 먼 바다로 나갑니다. 그는 모처럼 대어를 낚아 잠시 어부로서의 자부심을 맛보았지만 물고기에게 이틀이나 끌려 다니다가 천신만고 끝에 작살로 죽여요. 하지만 배보다 2피트나 더 커서 배에 싣지 못하고 이물의 말뚝에 매달고 돌아오는 길에 그만 상어떼를 만나게 돼요. 결코 패배할 수 없다는 불굴의 의지로 사투를 벌이지만 결국 물고기의 살점을 다 뜯어 먹힌 후 뼈만 가지고 돌아옵니다. 평생을 바다에서 살아온 노인에게 바다는 친구인 동시에 싸워야 하는 적이기도 합니다. 하지만 노인은 결코 그 바다를 떠나지도 않고 적대시하지 않으며 바다에 순응합니다. 비록 바다가 변덕스럽고 때로 고통을 주기도 하지만 그의 인생의 모든 것이기 때문입니다.

헤밍웨이는 1차 세계대전 이후의 황폐하고 불모지적인 상황에서 삶이 아무리 비극적이고 환멸뿐이라 해도 인간은 불패자가 되어야 하며 세상은 싸울 만한 가치가 있는 곳이라는 것, 인생을 살아가는 데 있어서 인간이 가져야 할 것은 용기와 믿음, 인내라는 것을 산티아고의 행동을 통해서 보여주고 있습니다. 산티아고에게 바다는 인간의 한계를 알게 해 주는 존재입니다. 때로는 아무 것도 잡지 못해서, 또 어렵사리 취한 것도 약탈자에게 빼앗기고 말아 무력함을 느끼게 하는 곳입니다. 그는 얼마나 허무했을까요. 우리 인생도 이와 같지요. 그러나 그리스도인들의 삶이 산티아고와 다른 것은 바다 위를 저벅저벅 걸으시고, 성난 폭풍을 "잠잠하라"는 말씀으로 잠재우시고, 베드로에게 "깊은 데로 가서 그물을 던지라", "배 오른편으로 그물을 던지라"고 하셔서 물고기를 잔뜩 잡게 하신 그 주님이 삶의 바다에서 우리와 항상 함께하시기 때문입니다.

바다이야기로 시작했으니 바다에 관한 시 한편 읽어드리면서 마칠게요.
김종삼의 〈어부漁夫〉라는 시입니다.

바닷가에 매어 둔
작은 고깃배
날마다 출렁거린다.
풍랑에 뒤집힐 때도 있다.
화사한 날을 기다리고 있다.
머얼리 노를 저어 나가서
헤밍웨이의 바다와 노인이 되어서
중얼거리려고.
살아온 기적이 살아갈 기적이 된다고
사노라면
많은 기쁨이 있다고

자연의 힘, 인공의 힘

요즘 애들은 자연과 멀어져 우울증과 비만에 걸리는 '자연결핍장애'가 늘고 있다는군요. 아파트로 둘러싸인 각박한 도시생활에 염증을 느낀 어른들도 자연을 갈구하는 현상이 생겨 서울시내의 자연숲에 텐트를 치고 가족들과 하룻밤을 오붓하게 지낼 수 있는 캠핑장 등이 인기를 끌고 있다고 합니다. 자연의 힘이 인공의 힘보다 나은 것을 보여주는 곳을 한 군데 소개해 드릴까요?

성내천은 국토해양부 주최 '한국의 아름다운 하천 100선'에 선정된 바 있으며 서울시가 지정한 생태경관보전지역이기도 합니다. 성내천은 남한산성이 있는 청량산에서 발원하여 몽촌토성을 돌아 한강으로 흘러드는 하천인데 풍납리 토성 안쪽의 성내리 현재의 서울특별시 강동구 성내동 라는 마을을 관통하는 물줄기라 해서 성내천이라고 이름 붙였다고 합니다.

1970~80년대에 하천 제방과 바닥을 콘크리트로 조성한 후 하천으로서의 생명력을 잃었는데요. 2005년 생태하천 조성사업을 통해 다양한 수생식물과 다양한 어류·조류·곤충이 서식하는 생태하천으로 완전히 변모되었습니다. 하천이 복원되자 주민들이 모여들고, 각종 시설물이 들어서기 시작해 레저 활동을 즐기는 휴식·교육·문화의 공간으로 거듭났습니다. 인공의 힘은 자연의 힘을 이길 수 없는 것이지요.

성내천길은 문명과 자연, 인간과 환경의 관계를 살피며 자연이 인간의 삶에 얼마나 중요한지를 깨닫게 되는 생태환경 탐방길입니다. 온통 콘크리트로 뒤덮여 삭막해진 도심환경 속에서 정서적 갈증을 해소할 수 있는 오아시스 같은 길이죠. 하천생태복원사업을 통해 건강하게 회복된 성내천의 시원한 물소리를 들으며 물길을 따라 걷다 보면 도시공해로 오염된 심신을 정화해주는 자연 치유의 힘을 느낄 수 있습니다.

도심을 떠나 경관 좋은 농촌에 가서 근사한 전원주택 짓고 느긋하게 여생을 보내고 싶어 하는 분들이 많습니다. 그래서 아쉬운 대로 도시 근교의 주말농장에서 채소를 손수 재배해서 먹으며 자라나는 식물을 보며 심신의 치유를 경험하기도 합니다. 흙을 만지기만 해도 치유가 된다는군요. 도시문명사회는 인간을 편리하게 해주기는 하나 한편으로 피폐하게 만듭니다. 인간은 자연에서 멀어질수록 질병에 가까워지고 자연에 가까울수록 건강해집니다.

　예수님께서도 자연의 아름다움을 더 좋아하셨습니다. 솔로몬의 화려함은 모두 인공적인 것입니다. 주님께서는 "솔로몬의 모든 영광으로도 입은 것이 들의 백합화 하나만 못하였느니라"라고 말씀하셨습니다.

　어떤 학자들은 창조시계를 보면 인간이 오랜 세월 동안 원시적인 삶을 살아왔고, 산업사회, 문명사회에 진입한 지는 얼마 되지 않았기 때문에 인간의 정서 자체가 도시문명보다는 원시적인 데 코드가 맞춰 있다고 말합니다. 그래서 몸은 도시의 편리함에 길들어 살고 싶지만 정서는 항상 자연을 추구하기 때문에 화분도 키우고, 채소를 직접 가꾸고, 요가와 명상을 한다는 거죠. 그런데 사실 우리 심령 깊은 곳에서 본질적으로 추구하는 것은 태고의 자연인 '에덴동산'인지도 모릅니다. 거기에는 인간이 결코 만들 수 없는 아름다움과 생명력과 향기, 그리고 완전함이 있으니까요.

소말리아 해적

소말리아 해적들에게 납치되었던 삼호주얼리호의 선원 21명이 한 편의 액션 영화처럼 청해부대 소속 특수여전단의 활약으로 전원 구출되었습니다. 아덴만 작전의 승리요인으로 결코 불의와 타협하지 않겠다는 각오, 주얼리호 석해균 선장의 용기와 지혜, 연합해군과의 유기적인 협조체계, UDT의 탁월한 전투수행능력 등을 꼽을 수 있습니다.

그동안 우리 선박은 7차례나 납치를 당했는데요. 그 중 6차례는 몸값을 지불하고 선원들을 데려오곤 하였습니다. '몸값이 문제냐 생명이 중하지' 하는 생각에, 한국은 '매-비둘기 게임'에서 유화적인 비둘기 전략으로 일관해 해적들이 요구하는 대로 다 주어 피랍문제를 해결하다 보니, 납치범들은 한국인을 납치하면 거액을 받을 수 있다는 인식을 갖게 되었습니다. 한국인 납치허가를 내 주었다고나 할까요. 몸값은 천정부지로 오르고, 범죄자에게 벌이 아니라 보상을 주는 꼴이 된 셈이라 불의와 타협한다는 국제사회의 비난도 받았습니다. 이번에는 처음부터 해적과 협상을 거부하고 강력하게 응징했던 러시아나 프랑스처럼 우리나라도 매의 전략을 써 본 것인데 다행히 이게 적중하였습니다. 우리 해군이 목숨을 걸고 무장납치범들에 맞서 우리 국민을 무사히 구출했고, 그간의 관행을 깼다는 것이 큰 성과입니다. 이제는 해적들의 인식도 달라지겠죠.

소말리아는 국민의 75%가 하루 2달러 미만으로 살아가는 세계 최빈국 중 하나로 납치가 외화벌이를 위한 국가적 비즈니스입니다. 하지만 이들이 처음부터 해적이었던 것은 아닙니다. 처음에 그들은 단지 해안경비에 목적이 있었습니다. 1991년 쿠데타로 정권을 잡은 군부 독재가 시작된 후 무정부 상태가 이어지자 유럽의 배들이 소말리아 연안에 각종 쓰레기들을 버리기 시작했습니다. 그러자 방사능 질환과 죽음, 기형아 출산 등의 현상이 나타났습니다. 게

다가 외국 어선들이 매년 3억 불 이상의 참치, 새우, 바다가재 등을 싹쓸이해 갔습니다. 생계 기반을 잃은 어민들은 먹고살기 위해 해적이 되지 않을 수 없었던 것이죠.

과거엔 고무보트를 타고 화물을 털던 생계형 해적이었지만 지금은 군벌, 사업가, 테러집단 등 배후세력이 개입해 그것이 점차 조직화 기업화되어 큰 문제가 되는 것입니다. 지금 100여 개의 해적기업들은 고속정, 기관총, 로켓포, 위성전화와 GPS로 무장하고 선박을 위협하며 납치해 몸값으로 연간 2억 3,800만 달러 (2,670억 원)를 벌어 해적들과 운항정보 및 무기, 경비 등을 제공한 투자자에게 배당합니다. 일확천금을 노리는 이들은 목적을 위해 수단을 가리지 않는데요. 국제사회의 노력에도 불구하고 납치는 점차 증가하고 있습니다. 무언가 특단의 대책이 없을까요?

이번 사건에서 느끼는 게 있습니다. 해적들은 단원을 모집한 후 모의하고 전직 군인, 어부, 기술자 등이 철저히 책임을 분담하고 범행계획을 시뮬레이션하고 출항 전 합숙 훈련을 하고 치밀한 계획에 따라 목표물을 선정하고 범행을 저지릅니다. 하나님의 사람을 무너뜨리려고 치밀한 전략을 세워 시행하는 사탄과 똑같지요? 해적처럼 우리 인생의 항해를 호시탐탐 노리는 사단의 궤계를 피하려면 인생의 위험해역들을 통과할 때 최영함보다 더 막강한 예수 그리스도 군함의 호송을 반드시 받아야 한다는 것입니다. 혹시 한 순간 납치되었다 하더라도 무적의 전투수행능력을 갖춘 하나님의 군대가 여러분을 곧 구출해 줄 것을 믿어 의심치 말아주세요.

일본 지진 재난

　세계 역사상 5번째, 일본 역사상 가장 강력한 리히터 규모 9.0의 대지진에 이은 쓰나미로 엄청난 사상자가 발생한 데다가 후쿠시마 원전폭발사고가 겹치면서 방사능 물질 누출의 공포까지 겹쳐 일본은 지금 2차 세계 대전 이후 최대의 위기를 당하고 있습니다.

　우리 국민들도 이웃나라의 도리를 다하기 위해 반일감정을 뒤로 하고 인류애적 차원에서 일본 국민을 부축하려는 움직임이 지속적으로 일고 있습니다. 한류스타들의 거액 기부에 이어 정부도 역대 최대의 지원을 하기로 했다고 하죠. 세계 2위의 경제대국 일본이 도움을 받아야 하는 처지가 된 것은 세상에는 절대강자도 절대약자도 없다는 것, 그래서 서로 돕고 살아야 한다는 것을 말해 줍니다.

　일본은 한국에게 '가깝고도 먼 나라'입니다. 고대부터 무수히 일본의 침략을 당하고 식민지 수탈 경험을 한 데다가 독도영유권 분쟁, 역사교과서 왜곡 등으로 우리 국민들의 대일감정의 골이 깊은데요. 하지만 이번에 한국이 일본을 힘을 다해 도우면 대일 관계가 개선되고 더욱 성숙한 협력관계가 될 것입니다.

　베네딕트의 〈국화와 칼〉에 따르면 일본인들에게는 '사람은 각자가 알맞은 위치를 갖는다'라는 엄격한 계층제도와 함께 다른 사람에게 반드시 갚아야만 하는 '온ぉん,恩, 은혜' 과 '기리ぎ-リ,義理, 의리, 바른 도리, 대인 관계에 있어서의 체면, 면목' 로 대표되는 부채 남에게 빚은 짐, 또는 그 빚 사상이라는 사회문화적인 배경이 있다고 합니다. 어려서부터 '온'이나 '기리'는 타인에게서 받은 빚으로 생각하도록 배워 그것을 갚지 못하는 것을 일생일대의 수치 혹은 무능력으로 여긴대요. 그래서 일본의 문화를 '수치의 문화'라고도 하죠. 그런 의미에서 본다면 우리가 역지사

지의 마음으로 그들을 도우면 돕는 만큼 관계는 더 좋아지겠지요. 물론 극우파 정치인 빼고 일반적인 일본인을 전제로 말하는 것입니다.

일본의 쓰나미 대재난을 통해 배웁니다. 방사능 유출은 과학기술을 맹신하는 우리에게 울리는 경종으로 보입니다. 지구를 더 이상 혹사시키고 학대해서는 안 될 거라는 신호로도 읽힙니다. 이번 지진으로 동경 133도 방향으로 지구 자전축이 17cm가량 이동했다고 해요. 변하지 않을 것 같은 산과 바다도 지형도 변하지만 오직 하나님의 말씀만은 영원하다는 것을 다시금 깨닫습니다. 이번 재난이 갑자기 찾아왔듯이 하나님의 심판도 그렇게 예고 없이 찾아올 것입니다. 쓰나미가 권세 있는 자도 비천한 자도, 세상의 그 어떤 영화로웠던 것들도 다 한순간에 쓸어버렸듯이 하나님의 심판에도 예외가 없을 것입니다. 이번 지진도 다함께 종말이 가까울수록 만물의 주관자이신 하나님이 살아계심을 알고 그 하나님 두려운 줄을 알라는 사인 sign으로 읽을 수 있으면 좋겠습니다. 한 순간에 스러질 것들에 너무 욕심 부리며 살지 말고, 영원한 것에도 좀 관심을 두고 살라는 메시지로 읽을 수 있으면 좋겠습니다. 비록 많은 인명과 재산의 피해가 있기는 하나, 늘 숙명론적으로 재난을 받아들이고 마는 일본인들이 이번 기회를 통해 삶과 죽음의 의미에 대해 깊이 생각하고 하나님의 존재를 인정하고 믿게 된다면 재난이 오히려 큰 축복이 될 것입니다.

남한산성 다시보기

　남한산성은 사방으로 해발 500미터의 가파른 산 위에 있고, 가운데가 분지 형태로 된 산성이라 천혜의 요새로 불립니다. 다윗이 "여호와는 나의 산성이시 요"라고 노래했는데 남한산성에 올라보면 하나님이 우리를 에워싸 보호하신다 는 개념이 실감납니다.

　남한산성이 세계문화유산에 잠정 등록됨에 따라 정식등록을 위해 경기도가 성곽을 보수하고, 소실된 행궁을 복원하고, 다양한 역사문화축제를 벌이고, 홍 보를 하는 등 많은 노력을 기울이고 있는데요. 그 중의 하나가 이미지 개선입 니다. 남한산성 하면 대개 병자호란 때 인조가 청태종에게 세 번 절하고 아홉 번 머리를 조아려 항복했다는 '삼배구고두의 치욕'을 떠올리게 되잖아요? 워낙 일제가 그 치욕을 우리에게 강렬하게 주입시키고 그 부분만 부각시켜 식민지 사관에 경도되게 했으니까요.

　하지만 남한산성은 통일신라 때부터 존재했던 성터를 조선시대에 수축한 것 이고, 백제, 통일신라, 고려, 조선을 걸쳐 한강 유역 및 수도에 대한 방어적 기 능을 담당했던 곳이며, 청태종에게 포위는 당했을망정 한 번도 함락된 적이 없 는 천혜의 요새로, 치욕적 역사의 현장이 아니라 민족자존의 호국항쟁지라고 재해석하는 거죠.

　민족의 혼을 머금고 있는 유적은 당시 역사 문화를 알려주고 후손에게 역사 적 교훈의 산실이 된다는 점에서 복원할 가치가 충분히 있습니다. 이번에 복원 된 남한산성의 행궁 인조가 병자호란 때 47일간 머물렀던 곳 을 둘러보니 나라를 위해 척 화와 주화 중 어느 길을 선택할 것인가 하는 논쟁으로 첨예하게 대립했을 신하들과 최후의 결단을 위한 인조의 고뇌가 느껴졌습니다. 살아서 부끄러울 것인가, 죽어서 아름다울 것인가. 소설 〈남한산성〉의 작가 김훈은 이렇게 결론을 내립니다. "받아들일 수 없는 치욕은 없고 치욕과 자존은 다르지 않다."

역사를 부단한 현재적 재해석이라고 볼 때, 부정적인 해석에서 탈피하려는 태도는 매순간 우리의 삶에도 필요한 것 같습니다. 수치심을 못 이겨 자살하는 사람도 있는데요. 사실 수치심은 가장 인간적이고 감사해야 할 감정입니다. 사람에게나 하나님 앞에 부끄러움을 느낌으로써 인간은 온전하고 새로운 삶을 갈망하게 되고 사회적으로 도덕적으로 영적으로 더 성숙해지니까요. 수치를 모르는 것이 더 큰 문제겠죠. 현실이 어떻든 살아있다는 사실보다 귀중하고 아름다운 것은 없습니다. 비록 오늘 부끄러워도 살아서 새로운 삶의 역사를 써 나가는 것을 하나님도 원하실 것입니다. 하나님은 늘 우리의 수치를 만회할 수 있는 새로운 기회를 허락하시니까요.

"주 여호와의 말씀이니라 죽을 자가 죽는 것도
내가 기뻐하지 아니하노니 너희는 스스로 돌이키고 살지니라
에스겔18:32"

슈퍼박테리아

1928년, 실험실 연구원의 실수로 배양접시에 푸른곰팡이가 났는데, 플레밍이 그 푸른곰팡이가 세균을 죽인다는 것을 발견해 항생제 페니실린을 만들었습니다. 그 결과 인류의 평균수명이 증가하고 각종 질병에 대응할 수 있게 되었으며 가축들도 병 없이 빨리 자라 고기, 우유, 달걀 등의 생산량이 많아져 이득을 보게 되었습니다. 반면 아나필락시 쇼크라든가, 효과 맹신에 따른 오남용, 개발된 신약의 독점 특허로 인해 가난한 사람은 혜택을 받을 수 없는 등의 문제가 생겼습니다.

가장 큰 문제는 오남용에 대한 대가입니다. 병에 걸리지 않은 가축에도 남용하게 되어, 지금 우리가 먹는 우유나 고기에 항생제가 많이 들어있다죠. 그리고 감기에도 항생제 처방을 할 정도로 잦은 사용에 병원균 스스로 저항력을 키워 내성이 생겼습니다. 슈퍼박테리아 super bacteria 는 대부분의 항생제에 내성을 갖고 있어서 감염될 경우 패혈증이나 폐렴 등의 증세로 사망하게 됩니다. 아마 더 고단위의 항생제를 개발해 슈퍼박테리아를 퇴치한다고 해도 또 다른 슈퍼박테리아들이 나타날 겁니다.

슈퍼박테리아는 공기가 아닌 상처 부위 등을 통해 감염되기 때문에 특히 면역력이 떨어진 환자들이 있는 병원에서의 감염에 주의해야 한다고 합니다. 의료기기 관리나 비누로 손을 씻고 화장실 등에 대한 기본적인 위생만 잘 지켜도 예방할 수 있다고 하는데요. 자기 몸과 주변을 청결히 함으로써 세균에 감염되지 않도록 하는 것이 중요하겠습니다.

세균이나 바이러스가 몸에 들어와도 우리가 질병에 걸리지 않는 것은 면역력 때문입니다. 우리 몸 안의 면역시스템은 대단히 정교합니다. 인체에 해가 되는 세균이나 바이러스가 침입해 들어오면 백혈구들은 혈액이나 림프액 속에 항상 불침번같이 들어가 있다가 어김없이 이들을 섬멸합니다. 대식세포가 순찰하다가 적을 발견하면 자기 자신의 세포막으로 아메바처럼 긴 팔로 둘러싸서 먹어치우고, 킬러 T세포에 의해서 또다시 공격을 당하고, B림프구가 마구 생산해 내는 항체라는 미사일에 의해서 꼼짝 못하도록 하여 이를 다시 대식세포가 잡아먹는다고 합니다.

　시도 때도 없이 공략해 들어와 우리 몸을 파괴하려는 세균과 바이러스는 사탄과 닮았고 열심히 싸워 우리를 지켜주는 면역시스템은 하나님을 닮았습니다. 그런데 사탄은 점차 강도를 높여서 몸만이 아니라 우리의 마음과 영혼까지 멸하려고 합니다. 이것들을 퇴치하려면 운동도 열심히 하고, 기도와 말씀으로 무장해 육신과 영혼의 면역력을 강화해야 하겠습니다.

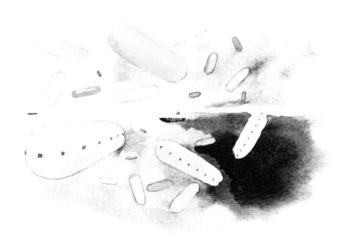

찬양의 힘

"하나님을 찬양하라"는 뜻으로 우리는 "할렐루야"를 외치는데요. 권택조의 〈낙엽심리학〉에서는 할렐루야를 진정으로 외치는, 하나님을 찬양하는 사람은 그 열매로 '할렐루스'의 삶을 살아야 한다고 말하고 있습니다.

'할렐루스'의 '할렐'은 헬라어로 '높이다 lift up'이며, '루스'는 '서로 서로 one another'라는 뜻입니다. 그러니까 '할렐루스'는 '서로가 서로를 높여 주라', 즉 '서로가 다른 사람을 격려하고 존중하라'는 뜻이 되는 거지요.

시편 곳곳에서 '하나님을 찬양하라'고 명하고 있고요, 빌립보서 2:3에 '오직 겸손한 마음으로 각기 자기보다 남을 낫게 여기라'고 말씀합니다. 하나님의 은혜의 최대수혜자인 우리는 종적으로는 하나님께 찬양을 드리는 '할렐루야'의 삶을 사는 한편, 횡적으로는 서로가 서로를 존중하고 격려하는 '할렐루스'의 삶을 살아가야 할 것입니다. 주님을 찬양하는 그 마음으로 주변인들도 함께 예찬해 주시는 것, 언제고 잊지 마세요~.

찬양의 힘은 참으로 위대합니다. 전쟁이 시작되자 여호사밧 왕이 레위인들을 앞세워 찬송하도록 하였는데 그 찬송이 시작될 때에 여호와께서 복병을 두어 유다를 치러 온 암몬 자손과 모압 자손과 세일산 주민들을 멸하셨습니다. 병사들을 훈련시키고 무기를 강화해도 모자랄 판에 찬송을 하라고 시키다니, 전쟁에 대응하는 방식치고는 참 어리석게 여겨지는데요. 하나님이 왜 이런 방식을 쓰셨는지 생각해 볼 문제입니다.

우리는 대개 문제 앞에서 기도를 하게 되는데요. 그 문제가 주님의 은혜로 해결될 것을 믿는 사람은 문제상황 중에도 찬송을 합니다. 바울과 실라가 빌립보

감옥에 갇혀 한밤중에 찬송할 그 때 지진이 일어나 옥문이 열리게 되죠. 옥문이 열리는 것도 기적이지만 그 이전에 고난 중에 원망하지 않고 찬송하는 바울과 실라의 마음에 이미 기적이 일어난 것입니다.

이처럼 찬송은 기적을 부르고 하나님의 임재를 부릅니다. 예루살렘 성전 건축 후에 솔로몬이 나팔 부는 자와 노래하는 자들이 노래하고 찬송하고 감사할 때 여호와의 전에 구름이 가득해 하나님의 영광이 가득했습니다. 그 무수한 예물을 드릴 때도 아니고 찬송할 때 하나님의 영광이 충만히 임했다는 것이죠. 천국에서 항상 찬송이 있다는 것이야말로 하나님이 찬송을 얼마나 좋아하시는지를 증명해 주지 않나요?

찬송은 또 치유를 가져다 줍니다. 폴 투르니에는 "우리의 영혼을 그리스도에게까지 가져가서 치유 받게 하는 데는 역시 찬양의 힘만큼 위대한 것은 없다."라고 말했습니다. 찬양으로 하나님께 가장 가까이 접근할 수 있고, 하나님의 임재와 교통을 경험할 수 있는데, 거기에 치유의 힘까지 있다는 것입니다.

〈예배는 콘서트가 아닙니다〉에서 문희곤은 입에 맴도는 찬양이 자신의 영적 상태를 스스로 진단한다고 말합니다. "주님과 같이 내 마음 만지는 분은 없네"라고 찬양하고 있다면 위로와 치유를 필요로 하는 상태라는 거죠. 그런데 더욱 놀라운 것은 자기 입의 노래를 바꾸면 자신의 상태도 바뀐다는 것입니다. 이렇게 심리상태와 찬양이 상호작용한다니까요. 내가 현재 처한 상황이 아니라 하나님이 하실 일을 기대하며 내가 바라는 상황을 믿고 노래함으로 삶을 바꾸는 위대한 찬양의 힘을 경험해 보면 좋겠습니다.

의식의 지도

생텍쥐페리의 〈어린왕자〉에서 주인공 어린왕자는 어른들은 숫자를 좋아한다고 말합니다. 새로 사귄 친구 이야기를 할 때도 친구의 목소리가 어떤지, 그 애가 좋아하는 놀이는 뭔지를 묻지 않고 몇 살인지, 형제는 몇인지, 아버지 수입은 얼마인지 등을 묻는다는 거죠. "창가에는 제라늄 화분이 놓여 있고 지붕에는 비둘기가 사는 장밋빛 벽돌로 된 아름다운 집을 보았어요."라고 말하면 어른들은 그 집이 어떤 집인지 상상하지 못합니다. 얼마짜리 집을 보았다고 말해야 어른들은 말귀를 알아듣고 "어쩜, 정말 멋진 집이구나." 한다는 것이죠.

여기서 작가가 비판하고 있는 어른세계의 숫자는 여기서 과학화, 문명화를 상징합니다. 과학의 발달에 따라 계량화, 즉 눈에 보이지 않는 모든 것을 양과 질로 환산하여 증명 가능한 수치로 표기할 수 있게 되었습니다. 그래서 그런지 요즘 각종 지수 Quotient, Index가 많이 등장하는데요. 행복지수, 역경지수, 독서지수, 연결지수, 블로그지수, 트위터지수, 선행지수……등등.

외형적으로 사물을 객관적인 수치로 환산한 것만으로는 사물의 본질까지 알 수 없다는 것이 숫자의 한계이기는 하지만 어떤 의미에서 통계수치는 개념을 명료하게 해 주고, 사람들의 심리를 알게 해 주며, 사회를 관찰하고 예측할 때 합리적인 판단을 이끌어내는 지표가 되기도 합니다.

데이비드 호킨스는 〈의식혁명〉이라는 책에서 운동역학 반응검사를 통해 마음과 육체의 관계를 수치로 표현했는데요. 그는 감정이나 영적 믿음 등이 에너지로 나타나는 것을 수치화하여 '의식의 지도'를 만들었습니다. 중요한 것 몇 가지만 말씀 드릴까요?

깨달음은 에너지 수준이 700-1,000으로 가장 높습니다. 즉 설교 등을 경청하거나, 오랜 묵상 가운데 깨달음을 얻는 것은 손바닥에서 축복의 에너지가 1,000까지 발산된다는 것을 의미합니다. 평화, 축복의 에너지 수준은 600이고요, 기쁨은 540, 사랑은 500으로 표시되었습니다. 여기서의 사랑은 남을 위하여 가슴에서 흘러나오는 사랑을 이릅니다. 조건 없는 사랑으로 내면의 기쁨이 차오르게 되는 것입니다. 호킨스에 따르면 세계 인구의 0.4%만이 이 경지에 도달한다고 하는데요. 그런 사람은 에너지가 차고 넘쳐 다른 이에게 에너지를 전달하는 에너자이저가 되는 것이죠.

'의식의 지도'에서 낮은 수치를 가진 것들도 말씀 드려야겠죠? 자존심은 175, 분노는 150, 욕망은 125, 두려움은 100, 무기력은 50, 죄의식은 30, 수치심은 20으로 측정되었다고 하네요. 이것은 사람이 이러한 감정에 사로잡혀 있으면 에너지 수준이 떨어져 그의 삶에 추위가 계속될 것이라는 것을 의미합니다.

호킨스의 연구결과를 보면 우리가 어떤마음을 가지고 살아야 할지 자명해지는군요. 그런데 사람마다 다르겠지만, 영적인 힘인 기도와 찬양의 에너지를 수치로 환산하면 얼마가 될지 궁금하네요. 영적 지능에 관한 지수를 나타내는 영성지수, SQ spiritual quotient 라는 것도 있거든요.

기회비용

인생은 작고 큰 선택의 연속입니다. 누구든지 원하는 모든 것을 가질 수는 없습니다. 시간, 소득, 에너지 등 자원의 희소성으로 인해 하나를 선택하면 하나를 포기해야 하는 경우가 많죠. 그런데 모든 선택에는 대가가 따릅니다. 선택의 대가는 그로 인해 포기해야 하는 가치, 즉 기회비용입니다. 이는 금전일 수도 있고, 시간, 노력, 만족감일 수도 있습니다. 하나를 선택해 편익을 누리려면 다른 것은 포기하거나 고통을 감내해야만 합니다. 대개 양쪽의 편익이 비슷하거나 결과 예측이 어려울 때 선택의 기로에서 갈등을 느끼게 되죠.

요즘 저출산이 문제가 되는데요. 여성들의 사회활동이 증가하면서 비용 덩어리인 자식을 낳아 키우느니 경제활동의 '편익'을 선택하기 때문입니다. 만약 경제활동보다 아이를 낳아 키우는 게 더 편익이 많아지면 저출산 문제는 해결될 겁니다. 범죄자들도 범죄행위로 인한 체포 및 처벌 가능성, 불안감, 형벌, 기회비용 등 치러야 할 대가보다 범죄행위로 얻는 경제적·정신적 편익이 비용이 크다고 여길 때 죄를 저지릅니다. 만약 범법자가 부담해야 할 비용을 높이면 범죄율은 낮아지겠죠.

"세상에 공짜점심은 없다"라는 말이 있는데요. 미국 서부개척시대에 술을 일정하게 마시는 단골에게 공짜로 점심을 준 데서 나온 말입니다. 하지만 밥값은 술값에 포함되어 있는 거라서 누가 내든지 그 값을 내게 되어 있습니다. 포털사이트에서 대용량 이메일을 그냥 사용하게 하는 것도 '공짜점심'입니다. 가입자가 많아야 광고료가 올라가니까요. 광고비 등 네트워크 효과의 '편익'이 크니까 포털사이트는 이메일이라는 '비용'을 지불하는 것이고, 결국 광고비는 제품가격에 전가돼 소비자들은 이메일을 공짜로 쓰는 게 아니라 비싼 이메일 이용

료를 내고 있는 셈입니다.

　태초에 에덴동산의 가운데에는 생명나무와 선악을 알게 하는 나무가 있었습니다. 하와가 그 둘 중에 생명나무열매를 선택했더라면 좋았을 것을, 유독 금단의 열매를 선택하였기에 아담과 하와는 땀 흘리는 수고와 노동, 고통스러운 잉태와 출산, 남편에게 복종, 죽음, 낙원추방이라는 엄청난 비용을 지불해야만 했습니다. 무엇보다도 동산을 함께 거닐던 하나님과의 아름다웠던 관계가 훼손되었습니다. 이처럼 선택은 돌이킬 수도 없고 엄청난 기회비용을 지불하기도 합니다. 이것을 생각한다면 선택의 기로에서 그 기준을 나의 편익보다는 하나님의 편익으로 할 때 후회가 없을 것입니다.

　로버트 프로스트의 시 〈가지 않은 길〉의 마지막 연을 들으시면서 기회비용을 지불하지 않는 길을 모색해 보면 좋겠습니다.

먼 훗날에 나는 어디선가
한숨을 쉬며 이야기할 것입니다.
숲 속에 두 갈래 길이 있었다고.
나는 사람이 적게 간 길을 택하였다고.
그리고 그것 때문에 모든 것이 달라졌다고.

인셉션 – 내 삶의 주인

헐리우드 영화 〈인셉션 Inception〉의 발상은 꿈을 통해 남의 무의식에 들어가 자신이 원하는 생각을 넣어주어 그의 생각을 바꾼다는 것입니다. 영화 속의 미래사회에서는 드림머신이라는 기계로 타인의 꿈과 접속해 생각을 빼낼 수도 있고 생각을 입력할 수도 있습니다. 사람은 생각대로 움직이기 때문에 생각이 바뀌면 그의 인생도 바뀌게 되는데요. 사람의 마음대로 인생을 컨트롤할 수 있다는 의식이 저변에 깔려 있습니다.

요즘 아이돌 idol 문화가 지배적인데요. '우상'이라는 뜻이죠. 다름 아닌 내가 우상입니다. 아이돌 걸그룹 포미닛 4minute 의 'I MY ME MINE'이라는 노래 가사는 요즘 세태를 그대로 반영합니다. "똑같은 곳 다 같은 건 이제 싫어졌어. 나는 내 멋대로, 내 맘대로, 하고 싶은 대로, 나의 좀더 다른 뭘 좀 아는 누구보다 색다른 나를 보여주고 싶어. 내 삶은 바로 나의 것" 이들의 공통된 주제는 '내 인생의 주인은 나'라는 것입니다.

하와가 너도 하나님처럼 될 수 있다는 사탄의 꾐에 넘어가 금단의 열매를 따 먹은 후부터 인간은 자기 자신을 하나님으로 섬기기 시작하였습니다. 하나님이 있어야 할 자리에 자아가 들어 있는 것입니다. 내가 내 인생의 설계자가 되어, 내가 나의 감정과 직관을 따라 내가 원하는 대로 인생의 문제들을 해결합니다. 오늘날 최고의 우상은 '나'입니다.

성경에 자기중심적인 사람이 나옵니다. "내가 이렇게 하리라 내 곳간을 헐고 더 크게 짓고 내 모든 곡식과 물건을 거기 쌓아두리라 또 내가 내 영혼에게 이르되 … 평안히 쉬고 먹고 마시고 즐거워하자." 한 문장에 무려 5번이나 '나'

를 언급하고 있는데요. 이에 대한 하나님의 답변은 "어리석은 자여 오늘 밤에 (내가) 네 영혼을 도로 찾으리니 그러면 네 예비한 것이 뉘 것이 되겠느냐"하는 것입니다. 내 인생의 주인이 내가 아니라는 것을 이보다 더 선명하게 보여주는 구절이 있을까요? 집에 대한 결정권이 없는 사람을 집주인이라고 할 수 없듯이 생과 사에 대한 선택과 결정의 권한을 갖지 못한 사람은 주인처럼 보이지만 가짜주인입니다.

믿는다는 모든 것에서 그분의 절대 주권을 인정하는 것입니다. 내가 누구를 만나든, 무슨 말을 듣든, 무슨 일이 일어나든 다 주님이 나를 위해 하셨다고 인정하는 것입니다. 모든 면에서 '내가 아니라 하나님이다'는 것을 철저히 인정한 다윗은 언제나 하나님께 물어보며 살았습니다. 그는 왕으로서 그 누구보다도 자기의 힘을 믿고 살아갈 수 있었지만 인간이란 존재는 늘 강할 수 없으며 전능하지도 못하다는 한계를 알았기에 주인님의 도움을 청한 것입니다. 이처럼 모든 것을 가진 왕도 하나님께 자기 삶을 의탁하고 은혜로 살았는데, 우리는 별힘도 없으면서 말로는 "주여" 하면서 내가 주인노릇하며, 모든 것을 내 힘으로 해결하려니 힘에 겨워 허덕이며 살아갈 때가 있지 않은가요? 백성은 왕의 책임이요, 가솔은 그 집 주인의 책임입니다. '나'를 책임자의 위치에서 내려놓고 진정한 주인에게 '나'를 의탁하는 것만이 가장 편안한 삶을 보장받는 길입니다.

독재

　세계화의 흐름 속에서 중동 아프리카에 민주화 바람이 거셉니다. 23년을 장기집권한 튀니지 대통령을 축출시킨 재스민 혁명에 이어 이집트 시민들이 30년을 집권한 무바라크 정권에 대항해 장기독재를 종식시키고, 리비아 시민들은 카다피의 42년 독재도 종말을 고하게 만들었습니다. 퇴진을 선언한 예멘의 압둘라 살레 대통령은 33년간 집권했고요. 바레인의 알칼라피 국왕은 12년째 집권 중이고, 이란의 아마디네자드 대통령은 상대적으로 짧아 집권 6년째지만 독재를 해온 탓에 국민들의 거센 반발에 직면해 있습니다. 그 외에도 시리아, 수단, 요르단, 알제리 등에서도 시위가 진행 중입니다.

　이들은 왜 독재에 저항하는 것일까요? 독재가 오래 되면 많은 폐단이 생기기 때문입니다. 독재자가 자신의 권력을 공고화하기 위해 감시와 탄압을 일삼기 때문에 기본적인 국민의 언론의 자유, 표현의 자유, 종교의 자유, 정치적 자유를 말살합니다. 반대파를 탄압하고 숙청하므로 민주주의가 발달하지 못합니다. 국가 재산과 개인의 재산의 경계가 모호해 석유, 가스, 통신, 건설, 호텔, 미디어 관련 산업 등을 직간접으로 지배해 부가 독재자의 일가족과 측근에게 편중되다 보니 부의 재분배가 안 돼 독재자가 배부른 만큼 국민들은 극빈자가 됩니다. 식량 등 물자는 부족하고, 물가는 오르고, 민생이 도탄에 빠지게 되면 참다못한 민중의 저항이 폭발하게 되죠. 독재자는 국민이 아닌 자신의 권력체제 유지를 위해 정치를 하므로 북한 정권처럼 기본적 인권탄압은 예삿일이고, 정적을 숙청한다거나, 심지어는 카다피처럼 자국의 국민을 향해 총부리도 겨누게 되는 것이죠.

　독재란 특정한 개인, 단체 등이 모든 권력을 쥐고 지배하는 것을 이릅니다.

'재 裁'는 본래 '마름질하다'라는 뜻으로 마름질이란 옷감을 치수에 맞도록 재거나 자르는 일을 말합니다. '재단 裁斷'은 옳고 그름을 잘 헤아려 결정한다는 뜻인데, 옷을 만드는 과정에서 치수에 맞도록 재려면 잘 헤아려야 한다는 데서 '헤아리다'라는 뜻이, 치수에 맞게 자른다는 뜻에서 '결단하다'라는 뜻이 파생되었습니다. 독재는 말 그대로 풀자면 '홀로 헤아려 결단하다'는 뜻입니다. 즉 옷을 만들 때 제멋대로 옷감의 치수를 재거나 자르는 것처럼 특정한 개인이나 단체가 어떤 분야에서 모든 권력을 독차지하고 구성원의 합의 없이 모든 일을 독단적으로 처리하는 것을 말합니다.

그런데 독재자라고 다 나쁜 것만은 아닙니다. 사탄이 자신을 광명의 천사로 가장해 미혹하듯이 악당일수록 정의로운 명분과 선행으로 자신을 포장하는 기만성이 있습니다. 독재자가 친절을 베푸는 것은 시민들의 경각심과 비판정신을 마비시키고 지조와 정기를 꺾으려는 것입니다. 무마하기 위해 던져주는 몇 푼의 돈이나 위장된 선행에 대중은 쉽게 미혹되니까요.

하지만 독재자는 말로가 별로 좋지 않습니다. 독재자는 군이나 친인척, 친위부대 등 '인의 장막'에 둘러싸여 있다 보니 다른 견해를 접하지도, 쉽게 인정하지도 않습니다. 소통의 부재는 결국 자유로운 체제전복 도발이란 이유로 탄압으로 이어지고 탄압을 못 견딘 민중은 들고 일어납니다.

가정과 직장, 우리가 속한 조직 속에서도 효율성을 추구하다 보면 독재를 하게 되는데요. 독재는 응당 다른 이에게 돌아가야 할 정당한 몫을 돌리지 않는다는 점에서 독재자 외의 나머지 사람은 소외시킵니다. 좀 더디더라도 상대방과 같이 가는 것이 더 좋지 않겠어요? 진정으로 강한 자는 그런 여유가 있을 거라고 생각해요. 무엇보다도 주님은 권위를 내세우며 우리 위에 군림하신 적이 결코 없습니다.

타향살이가 아무리 고달프더라도 고향의 어머니를 찾아뵙고
그 위로와 푸근함을 맛본 사람은 팍팍한 도시의 삶도
살아낼 힘을 다시금 얻는 것입니다.
천국을 예비하고 소망하며 사는 사람 또한 마찬가지이겠지요.

PART
5

910월

Sep - Oct

사회복지의 날
백로
철도의 날
추석
추분
나비부인
세계 한인의 날
소망의 자기성취
재향군인의 날
한글날
체육의 날
경찰의 날
저축의 날
진정한 위로
그리스도의 대사
오프라 윈프리

사회복지의 날

9월 7일은 사회복지의 날입니다. 사회복지에 대한 이해를 증진하고, 사회복지사업 종사자의 활동을 장려하기 위해 제정되었습니다. 올해도 각 분야에서 사회 구석구석에 따뜻한 온기가 넘쳐흐르도록 뜨거운 가슴으로 희생해 오신 많은 분들이 수상하였는데요. 그간의 노고에 감사드리고 축하드립니다.

요즘 빌 게이츠나 워런 버핏은 세계 재벌들을 대상으로 재산 절반 기부 운동을 벌이고 있기도 한데요. 서양에서는 부나 명예, 권력 등을 남보다 많이 소유하고 특권을 누리는 사회지도층이 도덕적 책무를 이행하려는 '노블리스 오블리주 noblesse oblige '의 전통이 강하죠. 사회의 유기적 관계 속에서 그들이 성공할 수 있었기 때문에 사회 환원을 당연시하는 것입니다.

우리나라도 기부가 늘어가기는 하지만 아직 복지에 대한 인식이 선진국에 미치지 못합니다. 주로 우리나라 사람들은 자식한테 기부(?)를 많이 하죠.

'가난 구제는 나라도 못한다'라는 말이 있는데요, 주님이 "가난한 자는 항상 너희와 함께 있거니와"라고 말씀하신 것처럼 도울 자는 우리 곁에 늘 있습니다. 어려운 사람이 어려운 사람 사정은 더 잘 알고, 부자만 남을 도우라는 법은 없으니까 서민들도 소액이나마 쪼개 남을 도와야 하겠고요. 또 '위안부 할머니와 폐휴지 할머니의 장학금 기부', '김밥 할머니 평생 모은 억대 재산 대학에 기부' 등의 가슴 아픈 미담보다는 지도층의 자발적인 솔선수범이 더 많이 이루어지면 좋겠고요. 우리 모두가 사회복지적 시각을 가지고 주위사람들을 보살피는 행복과 사회적 가치를 알고 실천하면 좋겠습니다.

사회복지의 날을 맞고 보니 예수님은 사회복지의 선구자이셨다는 생각이 드네요. 그분의 마음은 언제나 소외된 자, 약자에게 가 있었어요. "하나님의 나라가 이런 자의 것이니라"라고 하시면서 남들이 외면하는 세리와 창기의 친구가 되어주시고, 무시당하던 어린아이와 여성의 가치를 인식시키셨으며, 병자와 장애인들을 온전하게 고쳐주셨으니까요.

하나님께서는 이 사회가 평평하게 되기를 원하십니다. 주님은 "가난한 자를 진토에서 일으키시며 빈궁한 자를 거름더미에서 올리사 귀족들과 함께 앉게 하시며 영광의 자리를 차지하게 하시는" 분이십니다.

아무리 돈이 많아도 한꺼번에 두 벌의 옷을 껴입고, 두 켤레의 신발을 신을 수는 없는 일이지요. 자식에게 물려준들 그들의 독립심이나 성취감을 해쳐 오히려 독이 될 수 있어요. 비록 약하고 가진 것이 없다 여겨질지라도 자기보다 더 약한 사람들은 언제나 우리 주위에 있다는 것을 기억했으면 좋겠습니다. 기부는 돈 많은 사람들의 전유물이 아닙니다. 중국집 배달원이었던 김우수씨는 월 70만 원을 벌면서도 매월 5-10만 원씩 쪼개 자기보다 더 어려운 아이들을 후원하며 희망을 선사해 많은 사람들을 부끄럽게 했습니다. 그리고 꼭 물질만이 아니라 자신이 가진 기술이나 재능도 나눌 수 있습니다. 나아가 고통당한 자에게 다가가 위로와 권면을 한다든가, 하나님을 아는 지식을 전한다든가 그 무언가 베풀 수 있다면 그 사람은 주님을 닮은 멋진 '영적 사회복지사'가 되는 거지요.

"주의 성령이 내게 임하셨으니
이는 가난한 자에게 복음을
전하게 하시려고 내게 기름을 부으시고
눈먼 자에게 다시 보게 함을 전파하며
눌린 자를 자유롭게하고 주의 은혜의
해를 전파하게 하려 하심이라
누가복음4:18-19"

백로

백로는 24절기 중 열다섯 번째 절기입니다. 처서와 추분 사이에 들어 있어 가을이 본격적으로 시작하는 시기임을 알려 준다고 합니다.

백로는 '흰 이슬'이라는 뜻으로 이때쯤이면 밤에 기온이 이슬점 이하로 내려가 풀잎이나 물체에 이슬이 맺히는 데서 유래합니다. 백로 무렵에는 장마가 걷힌 후여서 맑은 날씨가 계속되지만 간혹 남쪽에서 불어오는 태풍과 해일로 곡식의 피해를 겪기도 합니다. 농경사회에서 농작물의 풍흉은 개인을 넘어 국가의 안위와 직결되어 있어 매우 중요한 일이었답니다.

백로에는 벼 이삭을 유심히 살펴서 그해 농사의 풍흉을 가늠하는데요. 볏논의 나락은 늦어도 백로 전에 이삭이 패어야 여물어서 먹을 수 있대요. 제주도 속담에 "백로전미발白露前未發"이라고 해서 백로까지 패지 못한 벼는 더 이상 크지 못한다고 전합니다. 백로 전에 서리가 내리면 찬바람이 불어 쭉정이가 되어 결실하기 어렵게 되는 것이죠.

곡식이 잘 여물기까지는 온 우주와 농부가 일 년 동안 협력해야 합니다. 〈좁쌀 한 알〉을 쓴 장일순은 호가 '조한알'인데요. 왜 그렇게 가벼운 호를 쓰느냐고 묻자 "나도 인간인지라 누가 뭐라 추어주면 어깨가 으쓱할 때가 있어. 그럴 때 내 마음 지그시 눌러주는 화두 같은 거야. 세상에서 제일 하잘것없는 게 좁쌀 아닌가. 내가 조 한 알이다. 하면서 내 마음을 추수르는 거지."라고 답변했다고 합니다. 한없는 낮춤으로 존경받으며 '강원도 원주의 예수'로 불리었던 장일순이 생전에 이런 말을 했습니다. "밥 한 그릇을 우습게 봐서는 안 돼. 온 우주가 힘을 합해야 그게 만들어지잖아? 엄청난 거지. 반찬 투정하는 사람은 뭘 몰라도 한참 모르는 사람이지."

백로를 맞아 절기를 따라 농사를 지었던 조상들의 지혜를 생각합니다. 농사일은 다른 일에 비해서 부지런함과 협력과 인내를 요구합니다. 무엇보다 중요한 것은 심고 거두는 행위가 때에 맞아야 한다는 것이죠. 만약 농부가 게을러 때를 맞춰 심지 못하면 이삭이 여물지 못하게 됩니다. 때에 맞는 행위가 얼마나 중요한지를 새삼 생각하게 됩니다.

백로를 맞고 보니 하나님도 우리를 심고 가꾸시는 농부라는 생각이 듭니다. 우리도 다 무언가를 심고 거두는 농부입니다. 자식 키우는 것도 자식 농사라고 하지 않나요? 풍년인생을 살기 원한다면 그 무엇이든 부지런히 때를 따라 심고, 잡초를 뽑아내고, 거름을 주고 가꿔야 하겠습니다.

백로를 맞아 나는 농부 하나님이 원하는 만큼의 극상품의 열매를 맺어 드렸는지, 또 농부인 내가 올봄부터 나름대로 열심히 투자하고 가꾸고 돌보았던 것들이 어떤 열매를 맺었는지 그 풍흉을 살피며 거둘 준비를 서서히 해야 하겠습니다.

"내가 극상품 포도나무를 심고 좋은 열매 나기를 바랐는데
어찌하여 들포도를 맺혔느냐? 이사야 5:1-7"

"사람이 무엇으로 심든지 그대로 거두리라 갈라디아서6:7"

철도의 날

근대의 표상인 철도는 인간의 기술, 문화, 사상 등에 많은 영향을 미쳤습니다. 1814년 스티븐슨이 증기기관차를 만든 이래 철도는 산업혁명을 가능하게 했으며, 자연에 대한 인간의 지배력을 확장시켜 왔습니다. 철도는 전통적인 시공간 개념부터 바꾸었습니다. 출발지와 목적지 사이의 운행을 정확히 하기 위해 철도는 시간을 통일화했고 이는 국제 표준 시간이 되었습니다. 시간과 공간이 균질하게 되고 그로 인해 규칙성과 예측가능성이 생겼죠. 철도는 유통의 혁신을 낳았고, 신호체계를 발달시켰으며, 지리적 공간 수축의 여행을 일상화시켰으며, 사람과 물산의 집산지인 역 주변에 도시를 개발시키고, 모든 곳을 단일한 경제권과 의사소통 공간으로 만들어 고립되어 있던 지역민들을 연결해 주었습니다. 또 철과 유리를 사용하여 외부와 경계를 짓고 빛을 받아들인 열차의 구조는 건축에 영향을 미치기도 했습니다.

고속도로와 자동차가 보편화되지 못했던 시기에 놓인 우리나라의 철도, 혹은 마차가 일반적인 이동수단이었던 때에 도입된 유럽의 철도를 생각해 본다면, 교통과 물류와 시간에 있어서 사람들의 삶에 찾아온 변화가 얼마나 혁명적이었던가를 짐작할 수 있을 것입니다.

9월 18일은 철도의 날인데요. 철도의 날은 대한민국 최초의 철도인 경인선 제물포역-노량진역 간 33km 이 개통된 1899년 9월 18일을 기념하는 데에서 유래되었습니다. 2011년 올해로 우리나라 철도는 112살이에요.

한국의 철도는 식민지 수탈의 아픔과 근대문명의 경이로움을 함께 싣고 달렸습니다. 최남선의 〈경부철도가〉는 "우렁차게 토하는 기적소리에 남대문을 등지고 떠나가서 빨리 부는 바람의 형세 같으니 날개 가진 새라도 못 따르겠네"라고 노래했습니다. 당시 기차의 속도는 기껏 시속 40㎞ 정도였지만 처음으로 기차를 경험한 사람들의 눈에는 엄청나게 빠르고 신기한 명물로 여겨졌습니다.

지난 1일 철도청은 고속철도망을 대폭 확장해 전국 주요거점을 90분 안에 연결한다는 계획을 발표했는데요. 현대인에게 속도는 곧 가치입니다. 속도의 효율은 생활의 편리함과 풍요로 이어지죠.

하지만 이동의 속도가 점점 빨라질 때 우리는 세상의 마지막 날이 점점 가까워오고 있다는 것을 감지해야 할 것입니다.

"많은 사람이 빨리 왕래하며 지식이 더하리라 다니엘12:4"

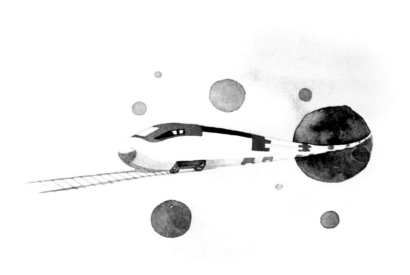

추석

추석이 다가옵니다. 지금은 추석명절 문화가 많이 달라졌지요. 감사와 풍성함보다는 심적 부담감을 더 느끼는 게 오늘날의 현실이 아닌가 싶습니다. 명절이 되면 좋은 사람도 만나지만 더러는 좀 불편한 관계의 사람도 만나야 하고, 경제적인 부담도 있고 육체적으로도 힘들고, 종교적 차이로 인한 갈등도 있고, 그래서 집집마다 약간씩의 고민들은 안고 계신 것 같더라고요. 그래도 마음만은 한가위 달처럼 넉넉하고 풍성하게 다른 사람을 용납하고, 현재의 내게 주어진 것들에 대해 지족하고 감사하는 마음으로, 한가위 달처럼 환한 얼굴로, 송편처럼 활짝 웃는 입술로 명절을 지냈으면 좋겠다는 생각을 해 봅니다.

추석이 되면 고속도로를 가득 메운 귀성차량행렬을 보게 됩니다. 현실의 삶이 바쁘고 고달파 평소에 자주 찾아뵙지 못하고 신경 쓰지 못하던 사람들도 명절이면 선물보따리들을 챙겨 몇 시간이 걸리든지, 가는 길이 아무리 힘들고 어렵든지 고향을 향해 갑니다.

이 귀성문화는 우리의 생의 영적인 한 단면을 보여줍니다. 고향 가는 길이 아무리 힘들어도 부모 형제 친지를 만날 기쁨을 안고 가는 것처럼, 우리도 천국 가는 길이 힘들어도 그렇게 기쁨을 안고 가야한다는 것을 말해주는 것 같습니다.

우리는 본능적으로 본향을 향하는 존재입니다. 우리는 평소에 전혀 죽지 않을 것처럼 살아가고 있지만 언젠가는 죽을 수밖에 없는 존재의 한계를 지니고 있습니다. 이 세상에서의 유통기한이 있다는 말입니다. 그래서 죽으면 '돌아갔다'고 말하는 거예요. 이 말은 온 곳, 즉 영혼의 고향이 있다는 말이죠. 이 사실을 평소에 자각하고 인정하는 사람은 창조주의 인생 사용설명서에 따라서 살아가게 됩니다.

부모의 뜻을 따라 살아 부모의 이름을 자랑스럽게 빛낸 자식은 고향에 가면 부모님의 환대를 받고 동네사람들의 칭찬을 듣듯이, 하나님의 영광을 위해 산 사람들은 천국에서 환대를 받을 것입니다. 반면 하나님을 외면하고 살면 영적인 실향민이 되는 거구요.

고향에 가면 옛것의 추억과 함께 자기존재의 뿌리를 확인할 수 있게 됩니다. 고향은 언제나 푸근한 안식의 이미지를 주지만, 설령 찾은 고향이 기대하는 만큼의 안식과 위로를 주지 못한다 하더라도 돌아갈 고향이 있고 찾아볼 부모님이 있는 사람은 복이 있는 사람입니다. 북쪽에 고향을 둔 실향민들은 지척에 고향이 있어도 갈 수조차 없지 않습니까. 그 가슴 아픈 것이야 경험해 본 사람만이 알 것입니다.

이사할 더 좋은 집이 마련된 사람은 주인이 언제까지 집을 비우라고 해도 걱정이 안 되고, 현재의 삶이 초라해도 아무 문제가 되지 않습니다. 타향살이가 아무리 고달프더라도 고향의 어머니를 찾아뵙고 그 위로와 푸근함을 맛본 사람은 팍팍한 도시의 삶도 살아낼 힘을 다시금 얻는 것입니다. 천국을 예비하고 사는 사람 또한 마찬가지이겠지요. 흙집에 잠시 살고 있는 우리네 인생, 비록 이 땅에서의 삶은 고달프지만 언젠가 우리 영혼이 돌아갈 더 좋은 본향집을 사모하며 견딜 수 있으니까요.

"그들이 이제는 더 나은 본향을 사모하니
곧 하늘에 있는 것이라 히브리서11:16"

추분

추분은 백로와 한로 사이에 있는 24절기의 하나로 16번째 절기에 해당합니다. 추분秋分은 한자로 가을 추, 나눌 분자를 써 가을을 나누는 시점, 즉 가을이 시작되는 분기점이 됩니다. 태양이 북에서 남으로 천구의 적도와 황도가 만나는 곳, 즉 추분점에 이르러 낮과 밤의 길이가 같아진다고 하는데요. 추분이 지나면 점차 밤이 길어지기 때문에 여름이 가고 완연한 가을이 왔음을 실감하게 됩니다.

이때부터 이슬이 내리고 서늘한 기온이 시작되며 가을걷이가 시작됩니다. 논밭의 곡식을 거두어들이고 목화와 고추도 따서 말리며 호박고지, 박고지, 깻잎, 고구마순도 거두고 산채를 말려 겨울과 이듬해 봄에 먹을 묵나물을 준비하기도 합니다.

기온도 13~20도 사이에 하늘은 맑고 공기는 시원하게 느껴지는 때인데요. 가을을 일컫는 말로 '천고마비天高馬肥'란 말이 있죠. '하늘이 높고 말이 살찐다'라는 말입니다. 원래는 중국 북방의 흉노족이 가을이면 말을 타고 와 변경의 농경지대를 약탈하여 겨울 양식을 마련했으므로, 변경의 중국인들이 가을만 되면 그들의 침입을 두려워하며 한 말이라고 해요. 오늘날엔 활동하기 좋은 계절을 이르는 말로 쓰이죠.

또 가을을 '등화가친 燈火可親'의 계절이라고도 하는데요. 가을이 되어 서늘하면 밤에 등불을 가까이 하여 글 읽기에 좋다는 말이에요. 누군가 가을은 놀러 다니기 좋은 계절이라 책 읽을 시간이 더 없다고 하던데요. 이렇게 활동하기 좋은 때에 여러분은 무얼 하시고 싶으신지요?

가을은 추수로 인한 풍요 이미지와 함께 성숙의 이미지, 낙엽으로 인한 이별과 퇴락의 이미지 등이 공존하는 계절입니다. 가을 냄새 물씬 나는, 이해인 수녀의 시 '가을 편지' 중의 일부를 소개해 드릴게요.

1.
그 푸른 하늘에
당신을 향해 쓰고 싶은 말들이
오늘은 단풍잎으로 타버립니다.

밤새 산을 넘은 바람이
손짓을 하면
나도 잘 익은 과일로
떨어지고 싶습니다.
당신 손 안에

6.
당신 한 분 뵈옵기 위해
수 없는 이별을 고하며 걸어온 길
가을은 언제나
이별을 가르치는 친구입니다.

이별의 창을 또 하나 열면
가까운 당신

11.
누구나 한번은
수의를 준비하는 가을입니다.

살아 온 날들을 고마워하며
떠날 채비에
눈을 씻는 계절

모두에게 용서를 빌고
약속의 땅으로 뛰어가고 싶습니다.

나비부인

유럽 성악계에 혜성처럼 떠오른 한국 여성이 있습니다. 그녀는 세계 최고의 꿈의 오페라 무대로 일컬어지는 이탈리아 밀라노 라 스칼라극장에서 1985년 한국인 최초로 푸치니의 오페라 '나비부인'에 주역으로 출연했습니다. 나비부인은 일본 나가사키를 무대로 전개되는 비극으로, 미국인 해군사관 핀커튼이 일본 게이샤 나비부인을 데리고 놀다가 차버린다는 내용이에요. 거기서 스즈키 역을 완벽하게 소화해 내 오페라의 본고장인 유럽에서 최고의 찬사를 받아 한국 성악계의 위상을 크게 높였습니다. 그는 1979년 데뷔 이후 1987년까지 스칼라 무대에서 10회의 공연을 마치고 7년간 유럽 투어를 소화했으며 프랑스에서 세계 최정상급 성악가로 활동하다가 귀국했습니다. 그는 조역을 거치지 않고 일약 오페라의 주인공으로 발탁되었는데요.

그는 자신이 빛을 보지 못하는 것은 쌍꺼풀이 없어서라고 단정하고 어머니에게 수술 잘하는 성형외과에 절차를 밟아 달라 부탁하였습니다. 그런데 그 주간의 목사님 설교가 바로 왜 주어진 것에 감사하지 않고 쌍꺼풀 수술을 하느냐는 것이었다고 해요. 그는 그 말씀을 자기에게 주시는 하나님의 말씀으로 받았습니다. 어떻게 잡은 수술날짜인데 그러냐며 당장 오라는 어머니에게 수술을 받지 않겠다고 통보하고 수술 예약일과 겹쳐 있던 소규모 콩쿠르에 참가했다고 해요. 거기서 뜻밖의 대상을 받았고, 그 현장에 앉아 있던 한 극장장에 의해 전격적으로 발탁되었습니다. 왜 자기처럼 조연 경험조차 없는 사람을 주인공으로 뽑았느냐고 묻자 극장장은 "당신의 눈 때문입니다. 일본 성악인 중 쌍꺼풀 수술을 받지 않은 사람이 없는데 그런 사람을 무대에 올려놓으면 일본 여인 같지 않거든요."라고 대답했다고 합니다.

쌍꺼풀 없는 외모가 인생의 실패를 의미하는 것은 아니지요. 특별히 신앙인이라면 자신의 외모에 열등감을 갖지 말고 하나님이 주신 외모를 사랑해야 할 것입니다. 그것을 통해 하나님이 이루시고자 하는 뜻이 있을 테니까요.

가치관이 전도된 사회를 살다보니 '외모보다는 내면이 중요하지.'라고 말도 하고 생각도 하면서 이중적으로 우리의 눈과 행동은 외모를 좇습니다. 자본주의 사회에서 미모는 곧 재능, 경쟁력, 돈, 권력을 의미하니까요. '루키즘 lookism'이라고 합니다. 요즘은 남자들마저 꽃미남이 대세죠.

우리는 사람을 외적 조건, 즉 외모, 사회적 지위, 가문, 학벌, 경제력 등을 근거로 평가하기 쉬운데요. 하나님의 평가기준은 달라요. 마음 단장이 더 중요하다는 것이죠. 얼굴 성형보다는 주님의 은혜로 마음 성형을 한 사람이 진짜 미인이 아닐까요? 우리 그리스도인의 목표는 사람 보기에 예쁜 사람이 되기보다는 주님 보시기에 좋은 사람이 되는 것이 되어야 하겠지요. 그런 사람은 사람의 사랑도 덤으로 받게 되어 있으니까요.

"너희의 단장은 머리를 꾸미고 금을 차고
아름다운 옷을 입는 외모로 하지 말고
오직 마음에 숨은 사람을 온유하고
안정한 심령의 썩지 아니할 것으로 하라
이는 하나님 앞에서 값진 것이니라

베드로전서3:3"

세계 한인의 날

10월 5일은 세계한인의 날인데요. 700만 재외동포에게 모국의 따뜻한 사랑과 관심을 널리 알려 유대를 강화하고, 한민족으로서의 정체성과 자긍심을 높이고, 우리 국민들에게는 재외동포들의 세계적 활동과 소중함을 일깨워주고자 제정되었습니다. 모국의 국제적 지위가 향상됨에 따라 자연히 재외동포의 현지 사회 내 비중도 커지고 세계 속의 한국인으로서의 자긍심도 생길 것입니다.

공식적인 해외이민은 구한말에 하와이 사탕수수 농장에 가는 것이 시작이었다고 해요. "하와이 기후는 온화하며 심한 더위가 없다. 월급은 미화 15달러, 매일 10시간 일하고 주일은 휴식" 이라는 이민 농부 모집 광고문구가 1902년 황성신문에 실렸다고 합니다. 달콤했던 광고문과 달리 이민 1세대를 기다린 건 사탕수수밭의 가혹한 노동이었습니다. 일제시대에는 중국 만주, 간도, 러시아 연해주로 살길을 찾아 이민을 갔고요. 이들 역시 일제치하의 국내에서 유랑 걸식하는 것보다는 낫겠지 하는 생각에 떠났지만 국내 못지않은 열악한 환경에 그들의 부푼 꿈은 이내 물거품이 되고 말았습니다. 50년대는 전쟁을 전후한 주둔 미군과의 결혼으로 인해 떠난 경우가 많았고, 60-70년대는 취업이민으로 서독에 간호사와 파견광부 등 산업 역군으로 나간 경우가 많았고, 80년대는 투자이민이 많았습니다. 그 외에도 입양, 국제결혼, 자녀교육, 은퇴 이후의 삶 등의 다양한 계기로 점차 해외 이주가 늘었습니다.

미 연방센서스국의 2010 인구조사에 따르면 현재 미국에 거주하는 한인만 해도 142만 3,784명으로 집계되었는데 실제로는 200만 명이 훨씬 넘는 것으로 추산되고 있습니다. 세계화 시대에 앞으로 한국인들이 해외에 나가 사는 일이 점점 더 많아질 텐데요. 세계한인의 날을 맞아 전 세계에 흩어져 살고 있는

재외 동포들의 어려움을 이해하고, 그들이 성공해 그 나라의 주류사회로 진입해 영향력을 행사하며 모국의 이름을 더욱 빛낼 수 있도록 관심과 지원을 아끼지 말고, 협력하는 자세가 필요할 것 같습니다. 미국 다음으로 우리나라가 선교사를 많이 보내고 있다는데요. 어떤 이유로 외국에 거주하게 되었든 하나님은 우리 재외동포들을 흩어진 '디아스포라'로, 선교의 귀한 도구로 사용하실 것입니다.

　21세기는 다문화 다민족 시대입니다. 한국 남성에게 시집온 외국인 여성, 노동인구를 비롯한 국내 체류 외국인수는 불법체류자를 포함해서 100만 명에 달합니다. 그들은 이제 우리의 산업의 중요한 한 축을 담당하고 있습니다. 점점 외국인이 늘어남에 따라 앞으로 우리 사회는 국내체류 외국인 사회, 귀화한 외국인 등과 다양한 문화적 충돌이 증가할 것입니다. 단일민족, 순혈주의의 정서에 젖은 우리는 우리보다 못한 나라의 사람들에게 배타적인 경향을 보입니다. 이를 거꾸로 적용해 본다면 우리 재외동포가 다른 나라에서 그와 같은 대접을 받을 수도 있다는 것이죠. 우리 곁에서 살아가는 외국인 사회를 통해 동포사회를 이해하고, 코스모폴리탄의 자세로 다민족 다문화 공동체 의식을 높이고, 그들에 대한 인식의 폭을 넓힐 때 비로소 진정한 '세계한인의 날' 제정의 의미를 찾을 수 있을 것입니다.

소망의 자기성취

미국의 교육학자인 로젠탈과 제이콥슨이 캘리포니아 공립학교 학생들을 대상으로 연구한 결과를 발표했는데요. 이를 '소망의 자기성취', '자기충족적 예언효과'라고 합니다. 교사가 학생에게 '저 학생은 성적이 오를 것'이라고 기대하면 그 기대 받은 학생의 성적이 실제로 오른다는 거예요.

두 사람은 우선 18개 학급 650명의 초등학생의 지능테스트를 했습니다. 각 학급의 교사들은 이 테스트로 지능이 향상될 가능성이 있는 학생들을 뽑을 거라는 통지를 받았고요. 테스트 후 20%의 학생 이름이 알려졌는데요. 실은 우수한 애가 아니라 무작위로 선정된 것이었어요. 그런데 그로부터 8개월 후에 우수한 학생이라고 믿어온 20%의 학생들과, 나머지 학생들에게 동일한 지능테스트를 한 결과, 일반학생들은 8.4점이 올랐고, 우수한 학생의 지능지수는 대조 그룹보다도 12.2점이나 높게 나왔다고 합니다.

이 차이는 교사들이 두 그룹의 학생들에게 다른 소망과 기대를 건 결과로서 나타난 것입니다. 교사들이 우수하다고 간주된 학생들을 무의식적으로 특별 취급하고 있었다는 것이죠. 마음의 힘은 이처럼 위대합니다. 이들의 연구는 마음의 힘을 교육현장에서 검증한 것이라 할 수 있습니다. 이로 보면 교육자의 위치에 있는 부모나 교사들은 "너는 안 되는 애구나."가 아니라 "잠재력이 있어 잘 될 수 있다."는 소망을 가지고 아이를 대하면 교육 효과를 더 볼 수 있을 것 같네요.

'소망의 자기성취'는 그리스 로마 신화의 '피그말리온 효과'와 상통합니다. 키프로스 섬의 조각가 피그말리온이 어느 날 상아로 여자의 입상을 조각했는데 너무나도 아름다워 그만 상아처녀와 사랑에 빠졌는데요. 그는 상아처녀를 매일 만지고 입 맞추고 온갖 장식품으로 꾸며주었어요. 그는 아프로디테 축제일에 상아처녀를 아내로 달라고 기도한 후 집에 돌아와 늘 하듯이 상아처녀에게 입을 맞추었습니다. 그때 그 조각품이 따뜻해지면서 사람이 되었다고 하죠.

피그말리온 효과는 우리에게 사랑과 소망과 믿음의 힘을 말해 줍니다. '지성이면 감천'이라고, 간절히 원하는 것은 이루어질 확률이 높죠. 그런데 '지성이면 감천'이라는 말 속에는 어딘지 모르게 자신의 공로를 내세우는 듯한 인본적인 뉘앙스가 풍깁니다. 무엇을 바라는지는 자유지만 그 일을 이루시는 분은 하나님이심을 잊어서는 안 되겠습니다. 아무리 지극정성을 다해도 하나님이 허락하지 않으면 안 됩니다.

소망은 희망과 조금 달라요. 희망은 단지 바라는 것이고요. 소망은 하나님의 약속에 근거해 반드시 바라는 바가 이루어질 것이라고 믿는 것이에요. 그래서 무조건 기도하지 말고 약속의 말씀에 근거해 기도하라는 것입니다. 실제로 성경의 등장인물들은 하나님께서 언제 어떻게 약속하시지 않았느냐고, 그것을 기억해 달라고 기도하고 있습니다. 성경을 보면 그런 기도들은 거의 다 응답을 즉시 받았습니다. 여러분은 지금 무엇을 소망하고 계신지요?

"믿음은 바라는 것들의 실상이요 보지 못하는 것들의 증거니 히브리서11:1"

재향군인의 날

10월 8일은 재향군인의 날입니다. 재향군인은 현역 복무를 마치고 일반 사회로 복귀한 사람을 이릅니다. 재향군인의 날은 상호간의 친목을 도모하고 국가 발전 및 향토방위에 대한 인식을 새롭게 하기 위해 제정하였다고 하는데요. 이날은 6·25전쟁 희생자를 추모하고 참전 원로들을 위로하고, 각종 포상을 실시하고, 기념식을 거행합니다. 천안함 사건, 연평도 포격사건으로 안보의식이 더욱 요구되는 이때 이런 기념행사는 매우 의미 깊다고 생각합니다.

국민의 안전과 국가가 추구하는 가치를 지키기 위해 전쟁터에서 목숨을 바친 장병들, 참전 원로들에게 존경을 표하고 예우를 갖춰주고, 그들의 현 생활과 그 후손들을 돌보는 일은 국가가 마땅히 해야 할 일입니다. 아울러 그들의 숭고한 희생을 통해 생명을 얻어 누리고 있음에 대해 우리도 재향군인과 그 가족에 대한 관심과 사랑과 감사와 존경의 마음을 잃지 말아야 하겠습니다. 영국 윌리엄 왕자는 결혼식 때 아프간 전에서 큰 화상을 입은 병사를 초청했습니다. 순국군인들의 가족도 초대했습니다.

미국은 전쟁이 끝난 지 오랜 지금도 한국전쟁과 베트남 전쟁에서 전몰장병의 시신을 한 구라도 더 찾기 위해 외교력을 총동원합니다. 그렇게 발굴한 시신을 수습해 국가적 예우를 갖춰 장엄하게 장례식을 거행하고 참전 중 사망한 장병은 영예롭게 알링턴 국립묘지에 안장합니다.

며칠 전에도 6·25 참전용사였던 제임스 새뮤얼 머레이 상병의 유해가 60년 만에 발굴돼 고향에 묻히기 위해 돌아왔는데 그 한 명의 참전용사를 기리기 위해 웨스트버지니아 주 전역에 일제히 조기가 나부꼈습니다. 군 의장대의 사열 속에 성조기가 덮인 관을 6명의 장병들이 들고 이동했으며 국방부, 주정부,

재향군인회 관계자가 차례로 나와 유해를 향해 경례하였습니다. 이처럼 미국에서는 참전용사와 전몰장병들은 국가의 영웅으로 대접합니다. 국민들은 그 장면을 보면서 국민의 생명을 끝까지 보호하고 유족들을 책임지는 국가에 대한 신뢰를 형성합니다.

우리는 존경하고 모본을 삼을 영웅을 필요로 합니다. 이 땅에서 다른 나라 사람을 구하기 위해 출전한 사람을 영웅이라고 한다면, 하나님의 나라를 위해 싸운 무수한 믿음의 사람들은 다 하나님 나라의 영웅이 아니겠습니까. 재향군인의 날을 맞아 하나님 나라의 십자가 군사로서 우리가 하나님의 나라를 위해 장렬히 싸운 참전용사나 전몰장병이 된다면 하나님께서 우리와 우리 후손을 어떻게 예우하실지 생각하는 하루가 되었으면 좋겠습니다.

무엇보다도 우리를 위해 자기 목숨을 대속물로 내어주신 예수 그리스도는 영원하고도 진정한 우리의 영웅이십니다. 그는 이 세상에 태어나던 날 초라한 구유에 누웠으며, 어릴 적에는 목수의 아들이었고, 장성해서는 열두 제자를 데리고 하나님의 나라를 전파하다가 억울하게 잡혀 십자가에 맥없이 달렸기에 당시 세상에서는 아무도 그가 영웅인 것을 알아보지 못하였으나 하나님이 그를 다시 살리사 하늘 보좌의 우편에 앉히셨습니다. 하나님의 아들 예수 그리스도, 그가 우리의 영원하고도 진정한 영웅 중의 영웅, 의인 중의 의인임을 잊어서는 안 될 것입니다.

한글날

한글날은 세종대왕이 창제한 훈민정음의 반포를 기념하고 한글의 연구·보급을 장려하기 위하여 제정한 국경일입니다. 창제 당시 사대주의에 물든 조선 관료들은 오랑캐나 자기 글을 쓴다고 생각했어요. 그러나 오랑캐도 쓰는데 우리만 없다면 그게 더 자존심 상하는 것 아니냐며 관철시킨 세종대왕 덕분에 소중한 우리글을 갖게 되었죠. 안 그랬으면 지금도 한자를 쓰고 말과 글이 다를 거예요. 일상적인 것들은 은혜를 잊고 살기 쉬운데요. 한글 덕분에 우리가 자부심 있는 민족이 된 것을 잊어서는 안 될 것입니다. 유네스코가 세계 문화유산으로 등재했듯 한글은 세계가 인정하는 문자예요. 인도네시아 찌아찌아족에게 수출되기도 했죠. 한국이 정보기술 강국이 된 이유는 한글 덕분이라고 해도 과언이 아닙니다. 문자전송에 한글로 5초면 되는 문장을 중국·일본 문자는 35초가 걸린다네요.

언어는 곧 문화이자 민족정신이에요. 그래서 일본은 강점기에 우리 언어를 사용하지 못하게 한 것입니다. 그런데 지금은 강점기도 아닌데 자발적으로 우리가 외국어를 더 많이 써요. 대중매체를 비롯한 언론, 사기업, 간판, 정부정책, 공기업, 은행 등이 다 세련미와 세계화를 내세워 영어를 씁니다. 각종 질서가 해체되는 포스트모더니즘 시대를 살면서 언어 축소, 폐기, 조작, 왜곡 현상도 지나치고요. 통신언어가 일상생활에서까지 쓰이는데 그런 것들이 결국 우리의 사고와 문화를 해칠 수 있다는 점에서 걱정이 됩니다. 특히 언론에서 책임의식과 위기의식을 갖고 우리말을 잘 가꾸어야 하겠습니다.

유림과 모화주의자들의 반발로 한글은 무려 450년간이나 빛을 보지 못하다

가 갑오개혁 때 칙령이 발표되면서 겨우 우리 문자로 인정을 받았습니다. 일본은 자신들의 지배를 쉽게 하기 위해 우리나라가 중국의 영향력으로부터 벗어나기를 원했으니까요. 그러나 여전히 한글쓰기는 격렬한 저항에 부딪쳤는데 이때 등장한 것이 기독교였어요. 장로교 목사 존 로스는 심양에서 만난 한국인들과 함께 한국어로 성경을 번역하면서 조선의 지배층과 달리 백성들은 한글을 쓰고 있다는 사실을 알게 됩니다. 한글의 우수성을 일찌감치 알아본 그는 1874년에 한영회화집을 만들고, 의주 사람 백홍준, 이응찬, 이성하, 서상륜, 김청송과 함께 사복음서를 낱권으로 번역해 서간도 일대의 조선인들에게 배포합니다. 이 성경이 은밀하게 압록강을 건너 평안도 일대로 파고들어 여성과 하층민까지 성경을 쉽게 읽을 수 있게 되었습니다.

초기 성경 번역자들은 한글 보급에 큰 역할을 해냈습니다. 이 66권의 책에 1800년대의 한글 어휘가 총망라됐으니 우리말 사전집이나 마찬가지였죠. 보급 과정에서 맞춤법, 띄어쓰기, 문체 등에서 획기적인 발전이 이루어지기도 했고요. 오늘날 세계에서 가장 독특한 번역어인 '하나님'도 초기 성경번역자들이 자신들의 평안도 입말을 그대로 적었기 때문에 생긴 말입니다. 원래 중국은 상제나 천제, 일본은 가미, 우리나라는 가톨릭에서 천주, 신 등으로 번역했었죠.

한글날을 맞아 한글을 일으켜 세워준 일등공신인 선교사들과 성경번역가들에게 새삼 감사하게 되네요. 무엇보다도 하나님께서 은둔의 땅에 살던 우리에게 우리말로 다가오시는 축복의 통로가 되어주었으니까 말입니다.

체육의 날

체육의 날 10월 15일 은 국민의 체력 향상을 위한 각종 체전과 아울러 올림픽 이상 理想 을 구현하기 위해 정부가 1973년에 지정한 날인데요. 문화체육부 주관으로 각종 기념행사를 엽니다.

저희 어릴 때만 해도 선생님이 '체력은 국력이다! 건전한 신체에 건전한 정신이 깃든다!' 같은 표어를 외치게 하며 체육을 열심히 시켰고, 박 대통령의 체육진흥정책의 일환으로 1972년부터는 체력장도 있었는데요. 1994년부터는 이마저 폐지되고, 대입 주요 교과목에 체육이 점차 밀리고, 요즘 아이들은 주로 컴퓨터, 게임기, 아이패드, 스마트폰을 갖고 앉아서 노는데다가 차로 이동하다 보니 체력이 점차 약해지는 것 같습니다. 애들한테 "너희들 요즘 무슨 운동 하니?"하고 물으면 "네! 눈 운동, 엄지손가락 운동, 숨쉬기 운동을 해요."라고 대답하더라고요. 아이들에게 특별히 체육을 시켜야 하는 것은 공부건 일이건 일단 체력이 뒷받침되어야 하기 때문입니다. 세계적으로 유명한 요리사가 남자인 이유도 온 종일 서서 일하기 때문에 체력이 뒷받침되기 때문이라고 하네요. 나아가 스포츠를 통해 건전한 발산이 이루어지며, 협동과 인내심과 과정을 중시하는 태도, 페어플레이 정신을 배워 바람직한 인격을 갖춘 민주시민으로 성장할 수 있게 되기 때문입니다. 그래서 선진국에서는 초등학교에서는 스포츠의 기초를 배우고 고등학교에서는 전문화단계가 되며, 이후 평생의 취미가 되는 생활체육시스템이 갖춰져 있습니다.

역사적으로 스포츠는 집단 혹은 개인의 필요와 즐거움을 통해 탄생하고 자라났습니다. 고대 사회에서는 사냥이나 농사일 등 생활이 곧 운동이었죠. 일반 시민들이 걷고 달리고 뛰고, 헤엄치고, 공을 차고, 힘을 겨루고 한 모든 것이 스포츠에 해당되었습니다. 문명사회에 접어들면서는 종교적 행사도 국민화합을 꾀하는 스포츠 축제의 개념으로 열었고요. 스포츠는 전쟁에 대비해 체력을 향상시키기 위해, 대중들을 통제할 목적으로, 경제적 부가가치 창출의 수단으로, 세계적 행사에 국력을 과시하는 수단으로, 정치 외교적으로 갈등해소 및 긴장완화의 기능을 수행하는 데 이용되었습니다.

스포츠의 어원은 라틴어 '데포르타레deportare'인데요. 이는 '어떤 물건을 다른 장소로 옮긴다'는 뜻인 'portare'에서 접두어 'de'가 추가되어 '마음이 무겁고 꽉 찬 것을 덜어버리다', '슬픈 정신 상태를 없애다', '자신을 즐겁게 하다'라는 뜻으로 바뀐 것이라고 합니다. 현대 산업사회에서 스포츠는 개인의 건강, 기분전환, 여가시간을 활용하는 놀이 차원을 넘어 스트레스나 욕구불만과 같은 사회 문제들을 해결할 수 있는 수단이 되었고, 경쟁의 장을 펼쳐 다 함께 즐기는 문화가 되었습니다.

스포츠는 의학적으로도 유용합니다. 운동은 저항력을 강화시켜 질병을 예방해 주죠. 의사 하루야마는 "인간은 누구나 자신의 인체 내부에 그 어떤 제약 회사에도 뒤지지 않는 훌륭한 제약 공장 시스템을 갖추고 있다"고 말했는데요. 몸이 약한 분들일수록 약만 의존하시지 말고 오늘부터 가벼운 운동이라도 시작해 면역력을 키워 보시는 게 어떨까요? 물론 가장 중요한 영적 건강을 지키기 위한 영적 면역력 강화운동도 병행해야 되겠죠. 영적 체력 비축은 곧 하나님 나라의 국력이니까요.

경찰의 날

10월 21일은 경찰의 날입니다. 1945년 미 군정청 산하 경무국이 창설된 이래 1948년 대한민국 정부 수립과 동시에 경찰 운영권을 넘겨받은 것을 기념하기 위해 1973년부터 국립경찰 창립일로 이 날을 기념해 왔다고 해요. 경찰의 날은 민주 경찰로서 사명감을 일깨우고 국민과 더욱 친근해지며, 사회의 기강을 확립하고 질서를 유지하는 등 경찰의 임무를 재확인하고 경찰관의 노고를 치하하며 위로해 주는 데 의의가 있습니다.

민생치안 및 사회 안전보장 확보, 부정부패 추방, 건전한 사회풍토 진작 등의 경찰의 목적을 잃은 채 자신의 지위를 이용해 범죄조직과 결탁하고 뇌물을 받아 부정부패로 치부하는 경찰도 심심찮게 있어 사회적인 문제가 되기도 하지만 그래도 대부분의 경찰은 사회질서 유지와 국민의 보호자 역할을 충실하게 감당하고 있습니다. 업무에 충실하다가 순직하는 경우도 있지요.

만약 경찰이 치안을 담당하지 않는다면 인간의 이기적인 본성상 우리 사회는 무질서해지고 범죄가 늘어날 것입니다. 약육강식의 사회가 되어 약자들이 살아남기 어렵겠고요. 홉즈는 인간은 본성상 악하기 때문에 자연 상태의 인간은 만인의 만인에 대한 투쟁 상태가 되어 서로 해치고 결국에는 스스로 망할 거라고 보았죠. 그래서 그런 상황을 피하고 안전을 도모하기 위해 국민이 자발적으로 권력을 위임해 국가라는 제도를 만들고 법질서를 세운 것입니다.

급격한 사회 변동 속에서 폭력, 절도, 강간, 사기 등 흉악범죄가 증가하고 있습니다. 흉악범죄는 여성, 어린이, 노인 들 대항능력이 없는 약자에 집중되는 게 문제인데요. 새로운 치안환경에 경찰들이 잘 대처해 약자들이 안심하고 살아갈 수 있도록 해 주었으면 좋겠습니다.

사람은 권한이 주어지면 행사하려고 드는 게 상례라고 해요. '완장증후군'이라고 해요. 윤흥길의 소설 〈완장〉에서도 주인공 임종술은 저수지의 감시원에 임명된 뒤 완장의 힘을 과신한 나머지 안하무인이 되지만 결국 그 완장의 허황됨을 깨닫게 됩니다. 완장이 권력은 아니죠. 군림하려는 자세가 아닌 철저히 국민을 위해 봉사하는 경찰이 되어야 하겠고요. 법질서, 민주사회의 질서를 수호하는 경찰이 자기의 지위를 이용해 뇌물을 받아 스스로 질서를 무너뜨리는 일이 있어서는 안 될 것입니다.

우리나라 사람들은 법과 질서를 지키면 손해라고 생각하는 사람들이 많아 서구에 비해 법을 잘 안 지키고 경찰을 무시하는 경향이 있대요. 법보다 도덕을 중시하는 유교문화의 전통, 법을 안 지키는 것이 애국이 되던 일제강점기, 도덕윤리보다 생존이 우선시된 전쟁, 독재정권하에 저항의 당위적 시각, 탈권위적인 포스트모더니즘의 영향 등 다양한 원인이 있겠죠. 하지만 법과 질서를 지키는 것이 손해가 아닌 유익임을 알아야 합니다. 주먹과 연줄, 돈으로 문제가 해결되는 세상보다는 법과 질서로 해결되는 세상이 훨씬 더 안전하죠. 경찰의 날을 맞아 시민들은 경찰의 권위를 존중하고 그들의 노고에 감사하며 법질서를 중시하는 성숙한 시민의식을 갖는다면 좋겠습니다. 아울러 우리 그리스도인들은 이 혼란한 세상에서 영적 경찰로서의 사명을 잘 감당해야 하겠지요.

저축의 날

미국 스탠퍼드 대학 월터 미셸 박사는 1996년 네 살짜리 아이들 600명을 대상으로 연구를 했는데요. 그 애들을 한 명씩 다른 방에 배치하고 마시멜로 캔디 하나를 나눠주면서 지금 먹으면 하나로 그치지만, 만약 선생님이 15분간 나갔다 돌아올 때까지 마시멜로를 안 먹으면 상으로 하나를 더 주겠다고 말합니다. 그래서 기다린 그룹과 기다리지 못한 두 그룹으로 나눕니다.

10년 후 그 부모에게 자녀들에 대한 평가를 받아 상호비교한 결과, 순간의 욕구를 참은 아이들은 학업성적도 뛰어나고, 친구와의 관계도 원만하고, 스트레스를 효과적으로 관리하고 있다는 결론을 내렸습니다. 20년 후에는 그들이 더욱 성공적인 중년의 삶을 살고 있다는 후속연구결과도 있습니다.

'마시멜로 실험'을 통해 나타나는 결과는 자기통제능력을 갖고 있는 아이가 성공한다는 것입니다. '만족지연'이라고도 하지요. 더 큰 만족과 보상을 위해 당장의 욕구 충족을 미룰 수 있는 의미가 성공을 견인하는 강력한 지표가 되는 것입니다. 하지만 이는 단지 참을성이 아니라 자기 내면의 욕구와 느낌을 성찰하고 사회적 맥락에 맞게 통제하면서 표현하는 능력을 이릅니다. 네 살짜리 아이에게 15분이란 아주 긴 시간이겠죠. 게다가 자기 앞에 맛있는 마시멜로가 있고 그것을 말릴 사람도 아무도 없는 상황에서, 어른들도 절제가 어려운데 어린 아이가 혼자 힘으로 그것을 견디기란 몹시 힘들고 어려웠겠지요.

오늘이 10월 마지막 화요일인 저축의 날인데요. 저축도 마찬가지라고 생각합니다. 후일의 더 큰 만족을 위해 당장 오늘의 소비욕구를 통제하는 것이죠.

우리는 이 땅에서의 앞날을 준비하는 마음으로 저축을 합니다. 더 중요한 것은 우리의 영원한 나라에서의 삶을 준비하는 마음으로 저축해야 한다는 것입니다. 이 땅에서의 70-80년의 생애를 위해서 애써 저축한다면 영원한 나라에서의 영원한 삶을 위해서는 더욱 애써야 하겠죠. 눈에 보이는 현세적인 축복에만 집착하는 샤머니즘의 영향을 깊이 받은 한국인이 눈에 보이지 않는 내세를 위해 준비한다는 것은 쉽지 않은 일이니까요.

우리의 관심사는 이 세상에 남겨 놓는 것이 아니라 저 세상에 함께 가지고 갈 수 있는 보물을 얻고 쌓는 것입니다. 현재 아무리 많은 것을 소유하고 있어도 오늘이라도 하나님이 부르시면 다 내려놓고 갈 것들입니다. 수의에는 주머니가 없다지 않아요? 하나님 나라에 갈 때 갖고 갈 수 있는 영원한 내것은 살아 있는 동안 내가 하나님을 위해 하나님의 이름으로 남에게 베풀었던 것밖에 없습니다. 어떤 분은 수입 10 중에서 1은 하나님께, 1은 선교 및 구제에, 3은 저축에, 5는 생활비로 쓰신다더군요. 여러분도 나름대로 비율을 정해서 실천해 보시는 것이 어떨까요?

"오직 너희를 위하여 보물을 하늘에 쌓아 두라 거기는 좀이나 동록이
해하지 못하며 도적이 구멍을 뚫지도 못하고 도적질도 못하느니라
네 보물이 있는 그곳에는 네 마음도 있느니라 마태복음6:20-21"

진정한 위로

평소에 다른 사람에게 자살하지 말고 긍정적인 마음으로, 희망을 가지고 행복하게 살라고 외쳐 다른 사람들에게 '희망전도사'로 불렸던 사람이 질병의 고통을 못 이겨 스스로 생을 마감했다지요. 그의 이야기로 인해 새 희망을 얻었던 사람들은 그가 무너지자 일순간에 더욱 큰 절망과 심리적 혼란에 빠지게 되었으니 참으로 안타까운 일입니다.

예수님은 늘 비유를 들어 탁월하게 제자들을 가르치셨는데 한번은 집 짓는 자의 비유를 들으셨어요. 세상에는 모래 위에 집을 지은 사람과 반석 위에 집을 지은 사람, 두 종류의 사람이 있다는 것입니다. 모래 위의 집도 평소에는 그럴 듯하게 서 있을 수 있어요. 하지만 집의 외형이 아무리 훌륭하고 웅장하고 아름답다 해도 기초가 든든하지 못하기 때문에 비바람, 홍수 등이 심하게 몰아닥치면 한 순간에 무너지고 맙니다. 반면 반석 위에 지은 집은 그런 순간에도 늠름하게 우뚝 서서 견딜 수 있습니다.

일시적인 세상의 것, 인간 철학 사상 등에 근거해 인생을 설정하는 사람은 모래 위에 집을 지은 것이고, 영원하신 예수 그리스도의 말씀에 기초하여 인생의 집을 짓는 사람은 반석 위에 집을 지은 사람과 같습니다. 그러니까 사람에게서 나오는 위로나 희망은 그 당시에는 좀 힘이 되는 것 같아도 본질적인 해결책이 되지 못하기 때문에 어쩌면 모래 위에 지은 집 같은 것일 수도 있는 거지요. 오직 주님으로부터 받는 위로와, 주님의 말씀에 근거해 갖게 되는 희망만이 참된 위로와 소망이 되는 것입니다.

제가 아는 어떤 분은 남편이 경제적으로 아무 도움이 안 돼 혼자 힘으로 가정을 꾸려가며 두 아들을 어렵사리 키워서 얼마 전 장남을 결혼시켰는데요. 보내고 나서 가벼운 우울증에 걸렸습니다. 결혼 전에는 엄마한테 그렇게도 잘 해주던 아들이 결혼한 후 소원해지는 것 같으니 얼마나 소외감을 느꼈겠어요. 한번은 결혼 후 아들의 첫 생일이 돌아와 '첫 생일은 부모가 챙겨주는 거라는데' 생각하고 아들이 좋아하는 음식을 만들어 가려던 참인데 아들이 며칠 전에도 뵈었고 아내가 요즘 직장일로 무척 힘들어하니 이번에는 안 오셔도 될 것 같다고 하기에 서운한 나머지 밤새 운 적도 있대요. 언제까지나 함께할 수 없는 아들이라는 터 위에 자기 인생의 집을 지었기 때문입니다. 그분에게는 아들이 곧 삶의 이유이자 하나님이었지요. 아들이 워낙 자상하고 섬세하게 엄마를 배려해 주었고 늘 위로해 주었거든요.

결혼 전에는 고려할 사람이 오직 엄마였다가 결혼하고 나니 아내를 고려 1순위로 놓게 되는 게 당연하지 않겠어요. 서럽고 쓸쓸한 마음을 추스르면서 오직 주님만이 변함없이 의지할 대상임을 깨달았다고 합니다. 그분은 견고한 터 위에 새 집을 지은 셈이지요.

사람은 누구나 보이지 않는 집을 지으면서 사는 존재입니다. 사람은 일생 동안 수많은 사건을 경험하며 수많은 육체적 고통과 감정의 어려움을 겪게 됩니다. 그렇게 육체적으로 정신적으로 인생의 격심한 비바람이 몰아쳐 올 때 내 집은 잘 견뎌낼 수 있는 견고한 집인지, 못 이기고 금세 무너질 집인지, 내 집의 터전은 무엇인지, 쉬이 변하고 사라질 것인지, 영원한 것인지 한번 생각해 보았으면 좋겠습니다.

그리스도의 대사

1956년 1월 8일 주일 아침, 5명의 선교사가 에콰도르의 와오다니 부족을 전도하기 위해 떠납니다. 이미 그 부족과 여러 번 접촉한 경험이 있던 일행 중의 한 사람 짐 엘리엇은 그들의 문화와 언어를 공부했고, 네이트 세인트라는 사람은 그들에게 선물도 나눠주었던 사람이었습니다. "이 부족이 우리에게 몰려오고 있다. 이제 이들과 예수 그리스도에 대해서 나눌 것을 생각하니 감격스럽다." 이것이 선교사들이 그 부족을 향해 갈 때 본국에 보낸 마지막 전문이었습니다. 그날 오후가 다 지나가기 전 그 5명의 선교사들은 전도하려던 부족의 창에 맞아 죽고 맙니다. 이 이야기가 라이프지에 대서특필되고 후에 그들에 관한 영화 〈End of the Spear-창끝〉이 만들어집니다. 짐 엘리엇의 아내 엘리자베스는 자기 남편을 죽인 부족에 들어가 복음을 전하기 시작했고, 그들 중 많은 사람이 예수 그리스도께 돌아왔습니다. 당시 네이트 세인트 선교사가 죽을 때 5살이던 아들 스티브 세인트도 와오다니 마을로 들어와 복음을 전했습니다.

이들은 자신들이 하나님의 보내심을 받은 대사라는 사실을 분명히 깨닫고 그들을 보내신 예수 그리스도의 본을 따라 살고 본을 따라 죽어갔던 사람들이었습니다.

당시 한 가지 알려지지 않은 사실이 있습니다. 그 사건 당시 5명의 선교사들은 원시부족의 공격을 방어할 수 있는, 6발의 총알이 장전된 총을 갖고 있었음에도 불구하고 5명 모두 총알을 한 발도 사용하지 않았던 것입니다.

40년이 지난 어느 날 그 부족 중 가장 나이가 많은 기키티라는 사람이 네이트의 아들에게 질문하였습니다. "내가 40년 동안 궁금해서 견딜 수 없었던 것이 있어요. 왜 당신의 아버지를 비롯한 5명의 선교사들이 그날 우리에게 총을 쏘지 않았는가 하는 것입니다. 그 총을 쏘았더라면 우리 중 몇 명이 죽었을 것이고 그들은 목숨을 잃지 않았을 텐데요."

　아들은 한참 생각한 후에 이렇게 대답했다고 합니다. "내가 분명히 믿는 것은 내 아버지를 비롯한 선교사님들은 자신들이 천국에 갈 것을 분명히 믿었지만 그 당시 당신들은 아직 예수를 영접하지 않아 천국에 갈 수 없다는 사실을 알았기 때문일 것입니다. 그러니 당신을 이 땅에 남겨두고 예수 그리스도를 영접할 기회를 주려고 총을 쏘지 않았을 것입니다."

"그러나 내가 긍휼을 입은 까닭은 예수 그리스도께서
내게 먼저 일체 오래 참으심을 보이사 후에 주를 믿어
영생 얻는 자들에게 본이 되게 하려 하심이라 디모데전서1:16"

오프라 윈프리

포브스지가 선정한 '세계에서 가장 영향력 있는 유명인 100인'에서 올해도 오프라 윈프리가 1위가 되었다고 하네요. 시사주간지 타임의 선정에서는 4년 연속으로 1위에 뽑히기도 했습니다. 수상경력도 무척 화려하지요.

그녀에게는 세상을 미워하고 원망하고 삶을 포기할 이유가 충분했습니다. 미시시피 주 빈민가 출신으로 매우 가난했으며, 흑인이었고, 사생아였어요. 9세 때 사촌오빠에게 성폭행당하고, 가출소녀 쉼터를 전전하다가 임신해 14세에 미숙아를 사산했으며, 자살을 시도했으며, 20대 초반에는 마약에 빠지기도 했고요. 여건과 과정만 본다면 이런 여자의 끝은 망가진 인생이겠죠.

그런데 어떻게 그런 처참한 상황 속에서 자신의 삶을 영광스럽게 전환시킬 수 있었을까요? 그 힘의 원천을 묻자 그녀는 "나를 이렇게 만든 것은 첫째가 신앙이요, 둘째가 독서와 공부였습니다.", "내가 사는 목적은 나를 만드신 하나님을 영광스럽게 하는 것입니다." 이렇게 대답했다고 해요. 그녀는 친구가 없어서 돼지 등에 올라타거나 가축들에게 성경을 읽어주면서 유년기를 보냈고, 책을 친구 삼아 삶의 비애와 고독을 달랬다고 합니다. 그는 한 손에 신앙을 붙들고, 한 손에 책을 붙들고 성공한 여자입니다.

오프라 윈프리는 자신의 고통스러운 경험을 독서와 결합하면서 '불행한 사람이 나 혼자가 아니구나⋯⋯.' 하고 위로를 얻고, 사람의 감정을 이해하는 특별한 공감 능력과 따뜻한 심성을 지니게 되었다고 합니다. 그녀의 그런 인간적인 매력이 매일 한 시간씩 진행되는 쇼 프로를 25년이 넘는 동안 정상을 유지시킬 수 있었던 토대가 된 것이죠. 게스트의 고백에 "나도 그런 적이 있다. 나도 했으니 당신도 할 수 있다. 눈물을 닦고 일어나 공부를 하고 친구를 만나라."라는 이해와 공감과 지지의 메시지로 다가가 치유자의 역할까지 합니다. 오프라 윈프리쇼는 전 세계 145개국에서 방영되었고 일일시청자는 700만 명에 달했습니다. 오프라 쇼는 4,561회를 마지막으로 방영 역사의 막을 내렸는데요. 25년 동안 오프라 윈프리의 프로그램은 셀 수 없는 베스트셀러를 배출했으며, 수백만 명의 여성들에게 누군가 자신을 이해하고 있다는 느낌을 선물했으며 수많은 직업을 창출했습니다. 그녀의 할머니는 오프라 윈프리가 잘 커서 일자리를 줄 마음씨 좋은 백인을 만나야 할 텐데 라고 말씀하시곤 했다고 해요. 그랬던 그녀가 오히려 수많은 백인들에게 일자리를 주는 사람이 되었죠. 그녀는 차세대 아프리카 여성 지도자 양성을 위해 남아프리카 공화국에 윈프리 리더십 아카데미를 세웠습니다. 그녀는 방송 영화 출판을 아우르는 종합미디어 그룹 하포 오프라 Oprah를 거꾸로 쓴 것 엔터테인먼트 회장이며, 미국에서 가장 부유한 흑인이며, 다양한 복지활동과 자선활동에 참여하는 자선사업가이기도 합니다. '오프라 현상, 오프라 법안, 오프라화 Oprahization'라는 신조어들은 그녀의 영향력을 말해 줍니다. 잡지 배니티 페어는 교황을 빼고 그녀는 어떤 종교지도자나 정치인보다 영향력이 크다는 기사를 실었습니다. 무언가 조금이나마 영향력 있는 사람이 되고 싶다면 오늘부터라도 오프라처럼 신앙과 독서를 바탕으로 능력을 축적해 나가시는 게 어떨까요?

단풍을 통해 배웁니다.
잠시 작은 것을 버리는 것은 후에 더 큰 것을 얻기 위한 것이라는 것을,
고통 속에서 인간은 더 깊어지고 더 아름다워진다는 것을,
단풍처럼 우리도 생을 가장 아름답게 불태우며 다음 생을 준비하고
하나님 앞에 가야한다는 것을요.

PART
6

11❄12월

Nov - Dec

단풍 드는 날
추수감사절
김장김치
거절도 은혜
사람에게는 얼마큼의 땅이 필요한가
한 가지 부족한 것
인구센서스
개구리 시야와 하나님의 시야
과정과 결과
구제역
눈과 물과 얼음
일만 시간의 법칙
마태복음 효과
인생에서 가장 사치스러운 계획

단풍 드는 날

　여름내 푸름을 자랑하던 잎새들이 어느 새 노랑, 빨강, 주황, 갈색으로 물들며 잎을 떨굽니다. 정비석이 〈산정무한〉에서 말했듯이 산은 어디다 이렇게 많은 색소를 간직해 두었다가 일시에 지천으로 내뿜는 것일까요. 그런데 단풍이 왜 들고 낙엽이 왜 지는지 아세요?

　단풍현상은 낙엽수가 겨울을 나기 위한 자구책입니다. 나무는 잎에 있는 엽록소의 광합성을 통해 생장에 필요한 양분을 얻어 살아갑니다. 광합성을 하려면 햇빛과 수분, 이산화탄소 등이 필요한데 겨울에는 그게 부족해져 광합성을 제대로 할 수 없어요. 그래서 나무는 여름 한철 부지런히 광합성을 해 양분을 저축하고 겨울잠을 잡니다. 만약 나무가 잎을 간직한 채 겨울을 맞이한다고 치면요, 겨울이라 가뜩이나 부족해진 수분이 잎의 기공을 통해 빠져 나가고 그 과정에서 얼어 죽을 수도 있어요. 그래서 나무는 물 손실을 줄이기 위해 기공을 모두 닫고 가지와 잎새 사이에 떨켜층을 만들어 잎에 공급되는 수분을 차단합니다. 떨켜는 잎이 떨어진 자리를 죽은 세포인 코르크로 바꿔 수분이 증발해 나가거나 해로운 미생물이 침입해 들어오는 것을 막아줍니다. 뿌리로부터 물을 공급받지 못하는 상황에서 나무는 일정 시점까지는 계속 햇빛을 받아 광합성을 해요. 이때 광합성으로 만들어진 양분은 떨켜에 막혀 줄기로 가지 못하고 잎에 남게 되죠. 양분이 쌓이면 잎의 산성도가 높아지면서 나뭇잎의 녹색 색소인 엽록소가 파괴되는데 이때 엽록소에 가려 여름내 보이지 않던 노란 색소 카로틴, 크산토필가 나타나요. 이게 단풍인데요. 이 과정에서 붉은 색소 안토시아닌 가 생겨납니다. 안토시아닌은 엽록소가 파괴된 이후부터 낙엽이 질 때까지 사이에 낮은 온도와 따가운 햇살로부터 잎을 보호하는 구실을 해요. 나무가 겨울 동안 사용할 영양분을 뿌리에 저장할 시간을 벌어주는 거죠.

단풍의 색깔은 햇빛 등 날씨의 영향과 온도, 색소 성분의 차이에 따라 달라진다네요. 그러니까 겉으로 보기엔 꽃보다 아름다운 단풍이지만 나무가 온도와 수분부족이라는 냉엄한 현실에 대응해 생존을 위한 월동준비를 하면서, 여름내 정들었고 서로 도움을 주고받았지만 이제는 양분도 못 만들고 부담스러워지는 잎을 떨궈 내는 서글픈 속사정이 있는 거죠.

단풍의 빛깔은 평지보다는 산지에서, 강수량이 적은 곳, 양지바른 곳, 기온의 일교차가 큰 곳에서 아름답게 나타난대요. 환경 스트레스를 많이 받고, 영양분이 부족한 토양에서 자라는 나무일수록 단풍이 더 붉다고 해요. 마지막 순간의 촛불이 가장 밝고, 초신성 폭발의 마지막 순간 엄청난 광채를 내뿜듯 단풍도 나뭇잎들이 죽기 직전에 가장 아름답고 장렬하게 불타오르는 것입니다.

단풍을 통해 배웁니다. 모든 것이 태어나 자라고 늙고 죽어간다는 것을, 버려야 할 것은 버려야 한다는 것을, 잠시 작은 것을 버리는 것은 후에 더 큰 것을 얻기 위한 것이라는 것을, 뿌리와 가지와 연결되어 있지 않으면 겨울을 견뎌낼 수 없다는 것을, 고통 속에서 인간은 더 깊어지고 더 아름다워진다는 것을, 단풍처럼 우리도 생을 가장 아름답게 불태우며 다음 생을 준비하고 하나님 앞에 가야한다는 것을요. 도종환은 〈단풍 드는 날〉이라는 시에서 이렇게 노래합니다.

버려야 할 것이 무엇인지를 아는
순간부터 나무는 가장 아름답게 불탄다
제 삶의 이유였던 것
제 몸의 전부였던 것
아낌없이 버리기로 결심하면서
나무는 생의 절정에 선다

추수감사절

　추수 감사절은 영국국교회와 갈등을 겪던 청교도 the Pilgrim Fathers들이 탄압을 피해 네덜란드로 갔다가 아메리카로 신앙의 자유를 찾아 1620년 9월 16일에 메이플라워호를 타고 117일간의 항해 끝에 그해 11월 20일 플리머스에 상륙해 이듬해 첫 결실을 놓고 감사한 데서 기원합니다. 그들은 꿈에 부풀어 신대륙으로 향했으나, 당시 항해술도 취약했고, 180톤의 작은 배로 146명이 물과 양식이 부족한 가운데 항해를 하다 보니 질병으로 많은 고생을 했습니다. 또 도착한 때가 겨울이어서 극심한 추위와 영양실조로 44명이나 죽었습니다. 그때 마음 좋은 인디언들이 청교도들에게 옥수수 등의 곡물을 가져다주고 재배하는 방법도 가르쳐 주었는데, 이들의 도움으로 다음해에 곡식을 수확한 청교도들이 그들을 초대해 눈물과 감사가 뒤범벅된 벅찬 감동의 예배를 드리고 추수한 곡식과 칠면조 고기 등을 함께 먹으며 3일간의 축제를 열었다고 하죠.

　오늘의 미국을 탄생시킨 선조들이 드렸던 첫 추수 감사 예배는 단순히 한 해의 추수 감사에 그치는 것이 아니라 신앙과 자유의 존엄성, 개척자정신의 고귀함을 보여 줍니다. 안타깝게도 지금은 미국도 너무 풍요로운 나머지 건국자들이 가졌던 신앙과 개척정신을 상실해가고 있는데요. "여수룬이 기름지매 발로 찼도다 네가 살찌고 비대하고 윤택하매 자기를 지으신 하나님을 버리며 자기를 구원하신 반석을 업신여겼도다", "네가 모든 것이 풍족하여도 기쁨과 즐거운 마음으로 네 하나님을 섬기지 아니함으로 말미암아 주리고 목마르고 헐벗고……."라는 말씀을 보면 풍요는 우리가 가장 경계해야 할 대상 중의 하나인 것 같습니다. 그리고 우리가 무슨 일에든 첫 마음을 잃지 않는다는 것은 어렵고도 중요한 일인 것 같습니다.

우리가 상상하는 것처럼 첫 해에 청교도들이 큰 수확을 한 것은 아닙니다. 날씨도 좋지 않았고, 신대륙의 토양과 기후조건을 알지 못하고 가져와 심은 완두콩 농사와 보리농사도 망쳤고, 옥수수도 이십 에이커의 밭에서 난 것이 전부였습니다. 자신들의 전통적인 종교와 생존권을 지키려는 인디언들과도 싸워야 했고, 풍토병과 전염병과도 싸워야 했고, 미국에 올 때 배를 빌리느라 진 빚이 이자가 불어나 경제난에도 시달렸습니다. 그런 상황 속에서 풍성하지 못한 첫 수확의 결실을 놓고 황무지에서 첫 추수감사예배를 드렸던 청교도의 마음을 상상하면서, 비록 현재 여건이 좋지 못하다 할지라도 미래를 주님께 맡기며 감사했으면 좋겠습니다. 그들에게 은혜를 베푸셨던 하나님은 우리의 삶 속에서도 동일하게 역사하실 테니까요.

그들은 신앙의 자유를 찾아 과감히 정든 고향을 떠나는 결단을 했고 모험을 하였습니다. 그들은 핍박 속에서도 믿음을 따라 순전한 신앙을 지키고자 하였습니다. 세상과 타협하면 그들도 편안할 수 있다는 것을 모르지는 않았겠지요. 그러나 그들은 신앙의 자유와 안식으로 인도하실 하나님을 신뢰하고 믿음과 소망으로 무장하고 더 나은 땅을 사모하며 나아갔습니다.

청교도들의 현실상황을 초월한 감사는 하박국의 감사와 상통하는 것 같습니다.

"비록 무화과나무가 무성치 못하며 포도나무에 열매가 없으며
감람나무에 소출이 없으며 밭에 먹을 것이 없으며 우리에 양이 없으며 외양간에
소가 없을지라도 나는 여호와로 인해 즐거워하며 나의 구원의 하나님으로
말미암아 기뻐하리로다 주 여호와는 나의 힘이시라 나의 발을 사슴과
같게 하사 나를 나의 높은 곳으로 다니게 하시리로다 하박국3:17-19"

김장김치

김장들 하셨는지요? 지난 여름의 배추 파동은 우리가 김치 없이는 살 수 없다는 것을 재인식시켜 주었죠. 요즘은 배추 값이 비싸 김치가 금치가 되었는데요. 한국인의 전형적인 식사에서 5첩, 7첩 반상이라고 하면 김치를 제외한 반찬 가짓수를 말할 정도로 김치는 기본이었어요. 김치는 가난한 사람의 반찬, 덜 세련된 촌스러움을 의미했고, 선진국 사람들에게는 먹기 고약한 음식으로 인식되었습니다. 하지만 경제가 성장하고 외국인과 여러 형태의 접촉이 많아지면서 외국인들도 김치의 영양과 효과와 맛을 알고 즐기는 사람들이 많다는 것을 알고 이제는 김치를 외국인에게 권하기에 이르렀습니다. 전통 사회에서 부끄러움이 세계화 시대에 와 자랑이 된 것입니다. 한국을 대표하는 음식이라면 뭐니 뭐니 해도 김치가 1순위죠. 김치는 국제 식품 규격위원회 CODEX에서 일본의 '기무치'를 물리치고 국제 식품규격으로 승인받았습니다.

빨간 김치가 고유의 전통음식인 줄 알고 계시죠? 원래 김치는 절인 채소라는 뜻의 침채 沈菜 가 딤채, 김채, 김치로 변화한 말입니다. 초기의 단순한 채소 절임 수준에서 점차 양념류를 가미한 김치가 생겨났는데요. 약 1300년의 김치 역사에서 오늘날 애용되는 배추의 품종이 국내에 들어 온 지는 100년밖에 되지 않고요. 새빨갛고 매운 김치는 역사가 300년도 채 안 된다고 해요.

김치는 알칼리성 식품인데다 지방분이 없는 식품이죠. 그래서 고기나 산성 식품을 지나치게 먹어 혈액이 산성화되기 쉽고, 지방을 과다하게 섭취하기 쉬운 현대인에게 꼭 필요한 식품입니다. 다이어트 효과 외에도 면역 강화, 피부 노화 억제, 항암, 동맥경화 예방, 독성물질 해독, 생리대사 활성화, 정력과 활력 증진, 변비와 대장암 예방, 일본 '기무치'의 140배나 되는 유산균의 정장작용 잘 익은 김치 한 그릇에는 유산균이 1억-10억 마리가 들어있다네요. 콜레스테롤 감소, 소화력 증진 등 그 효능이 대단합니다. 유산균은 기특하게도 자가면역질환 증상을 개선해 아토피 피부염을 억제하고 류머티즘 관절염에도 효과가 있대요. 김치 많이 드세요~.

김치를 바라보면서 혹시 나는 김치만도 못한 사람이 아닐까. 최소한 김치 같은 사람만 되어도 좋겠다는 생각을 했습니다.

식사 때 김치 빠지면 안 되듯 어디서든 필요한 사람, 김치가 소금기를 지녀 발효될지언정 썩지는 않듯이 세상의 방부제 같은 사람, 뻣뻣하던 배추가 소금에 절여져 숨이 죽은 후 김치가 되듯 하나님의 은혜로 부드러워진 사람, 김치가 온갖 영양소가 들어 있는 웰빙 식품이듯이 사람들을 영육간에 웰빙하게 해 주는 영양이 많은 사람, 김치가 젖산이 잘 발효된 식품이듯이 거듭나 숙성된 사람, 익으면서 맛 드는 김치처럼 세월이 갈수록 더욱 원숙해지고 주님 사랑이 깊어지는 사람, 먹음직스럽고 빨간 김치처럼 매력적이고 열정적인 사람, 아작아작 씹히고 소화를 돕는 김치처럼 남의 마음에 맺힌 것을 개운하게 풀어주는 사람, 김치가 신진대사를 활성화시켜 주듯 소속 집단에 활기를 불러일으키는 사람, 매콤한 맛처럼 매서운 능력을 보여 주고, 매운 맛으로 스트레스를 풀듯 다른 사람의 스트레스를 덜어주는 사람, 김치가 산성체질을 보완해주는 알칼리성 식품이듯이 이성과 감성의 균형이 잡힌 사람, 여러 부재료가 어울려 김치 특유의 맛을 내듯 다양성을 존중하고 함께 조화를 이루며 어우러질 줄 아는 사람, 김치에 항암효과라든지 여러 가지 약효가 있듯이 남을 치료해 주는 사람, 지방, 풍습, 기후, 계절에 따라 김치의 종류가 다양하듯이 환경에 잘 적응하고 변화에 유연한 사람, 김치가 어떤 요리와도 잘 어울려 새로운 요리로 거듭나듯 관용하고 창조적인 사람, 무엇보다도 김치가 과거에 반찬 가짓수에도 들지 못할 만큼 저평가된 것처럼 지금 누가 나를 무시하고 몰라준다 해도 본연의 가치를 지니고 묵묵히 살아가는 사람이 되고 싶습니다. 언젠가 하나님이 높여주시면 그 효능이 알려져, 김치처럼 가장 한국적인 동시에 세계적인 존재로 자리매김 되는 날이 올 테니까요.

거절도 은혜

비천한 목동의 자리에서 일국의 왕의 자리에 오른 다윗은 성전건축으로 하나님께 보답하고 싶었습니다. 자기는 하나님의 은혜로 왕이 되어 백향목 궁에 거하는데 하나님은 장막에 거하셨기 때문입니다. 하지만 하나님은 그 아들 솔로몬 대에 건축하게 될 거라고 응답하셨습니다. 거절당한 다윗은 그래도 하나님께 감사하고, 아들 솔로몬은 어리고 연약한데 공사는 크다며, 성전 건축을 위해 23년이라는 긴 세월 동안 환란 중에도 많은 준비를 꼼꼼히 해 둡니다. 다윗은 블레셋 등 주변국을 복속시키며 국가의 기틀을 강력하게 세웠습니다. 바통을 이어 받은 솔로몬은 하나님께 남다른 지혜를 부여받아 국가의 정치, 경제의 토대를 더욱 안정되게 다진 후 즉위 4년 만에 성전을 건축하기 시작해 15만 3,600명의 역군이 7년에 걸려 완성하였습니다. 그리고 이어 13년간의 궁궐 건축이 있었지요.

성전건축이란 물질과 지혜가 필요한 일입니다. 그래서 하나님은 칼로 하나님을 섬기던 다윗보다는 지혜로 하나님을 섬긴 솔로몬에게 시킨 것입니다. 만일 다윗 대에 성전 건축을 했더라면 백성들은 참전하랴, 건축 부역 나가랴, 세금 내랴 얼마나 시달렸겠어요. 그랬다면 아마 다윗 시대에 유다가 견고하게 설 수 없었을 것입니다. 은금이 돌 같이 흔하던 솔로몬 시대에도 성전 건축을 위해 세금을 얼마나 걷었으면 그 다음 르호보암이 즉위하자 백성들이 세금 감면을 요청했다가 거절당해 나라가 두 동강이 났겠어요. 그러니까 하나님은 다윗도 사랑하시고 백성들도 사랑하시고 솔로몬도 사랑하시고 유다나라도 사랑하셨던 것이지요.

그러니 거절도 은혜입니다. 지금 무언가 어렵고 내 마음대로 되지 않았다 하더라도 하나님께서는 우리 모두를 사랑하시고 배려하시고, 지금이 아닌 앞을 길게 보고 궁극적으로 모두에게 선하고 유익한 길로 인도하실 것을 꼭 믿고 소망 중에 기다린다면 지금 이해되지 않는 일이라 할지라도 하나님께 섭섭할 것은 없겠지요.

신약에서 하나님께 간절히 기도했으나 거절당한 대표적인 사람은 바울입니다.

바울은 가시와도 같은 자신의 질병이 낫기 위하여 세 번이나 기도했습니다. 3회가 아니라 그만큼 끈질기게 많이 응답받을 때까지 기도했다는 말입니다. 이 땅에서 많은 병자를 고치신 주님께서는 바울이 복음을 전하는 데 방해가 되는 그 질병을 깨끗이 낫게 해 주실 만도 하건만 유독 바울에게는 "내 은혜가 네게 족하도다"라시며 거절하십니다. 그에게는 여전히 가시가 남아 있어 때때로 그를 찔렀습니다. 가시가 몸을 늘 찌른다고 생각해 보세요. 얼마나 아프겠어요. 그런데 바울은 그러한 육체의 질병이 자기를 교만에서 건져주고 하나님의 은혜를 더욱 사모하는 삶을 살게 한다면서 도리어 기뻐했다네요. 약할 때 그리스도의 능력이 머물므로 그때 곧 강해진다는 것을 깨달은 것이죠. 그는 질병도 은혜로 여긴 것입니다. 예수님께서도 겟세마네 동산에서 십자가의 잔이 지나가도록 세 번 기도했으나 하나님 아버지께 거절당하셨습니다. 하지만 예수님은 거절 당하셨기에 우리를 구원하시는 사명을 완수하셨습니다. 기도에 응답해 주시지 않는 것도, 가난도, 질병도, 무지함도, 연약함도, 실패도, 내 편에서는 고통이지만 하나님의 관점에서는 다 은혜일 수 있습니다. 그렇게 받아들일 수만 있다면 성숙한 신앙인이겠지요.

사람에게는 얼마큼의 땅이 필요한가

톨스토이의 단편 〈사람에게는 얼마큼의 땅이 필요한가?〉를 소개해 드릴게요.

주인공 파홈은 가난한 소작인으로서 자기 땅을 한 뼘이라도 갖는 것이 소원이었습니다. 여주인이 땅을 판다는 소문을 듣고 그는 자식도 머슴으로 보내고, 돈을 빌리기도 하여 온갖 수단과 방법을 다해 아주 작은 땅이나마 소유하는 기쁨을 맛보게 되는데요. 그는 자신의 땅을 지키기 위해 과민반응을 보인 나머지 이웃사람들과 사이가 나빠집니다. 넓은 땅을 소유했으나 오히려 더 좁은 세상에서 살게 돼 고독해진 그는 그곳을 떠납니다. 그는 두 차례에 걸쳐 이주하면서 점차 욕심껏 땅을 더 사 늘려나갑니다.

어느 날 그는 한 상인에게서 넓고 비옥한 땅을 헐값에 살 수 있는 곳이 있다는 말을 듣고 찾아갑니다. 바시키르의 촌장은 너그럽고 친절하게 "당신이 하루 종일 걸은 만큼의 땅을 1천 루블에 주겠소. 단 반드시 해가 지기 전에 돌아와야 합니다."라고 말합니다. 출발 전날 밤에 그는 한 꿈을 꿉니다. 이제까지 자신에게 땅을 소개한 상인들은 머리에 뿔이 달린 악마였어요. 낄낄거리며 웃고 있는 악마 앞에서 자신이 쓰러져 죽어있는 것이었습니다. 하지만 그는 꿈을 무시하고 이튿날 아침 일찍 출발해 잠시도 쉬지 않고, 한낮의 더위에 갈증이 와도 물 한 모금 마실 시간마저 아끼며 열심히 걷습니다. 그런데 그가 돌아오려고 하면 더 비옥한 땅이 나타나 그는 여기까지만 더, 조금만 더 하다가 그만 돌아올 시기를 놓치고 맙니다. 시간이 얼마 남지 않은 것을 깨닫고 그는 허둥지둥 있는 힘을 다해 달려 돌아옵니다. 해가 뉘엿뉘엿 넘어가자 파홈은 여태 고생한 보람이 허사가 되는구나 하면서 욕심을 부린 것에 대해 후회하고 탄식합니다. 그는 간신히 출발점에 도착하자마자 피를 쏟으며 죽고 맙니다. 사람들은 머리에서 발끝까지 치수대로 2m의 땅을 파서 그곳에다 그를 묻었는데요. 그에게 필요한 땅은 고작 2미터였던 것입니다.

조금이라도 더 많은 땅을 차지할 욕심으로 잠시도 쉬지 못하고 달리다시피 걸었던 파홈의 하룻길은 곧 우리의 인생길을 의미하는 게 아닐까요. 그가 좇았던 것이 땅이었다면 우리는 세상의 명예와 부와 권력 등을 추구하면서, 목말라도 물 마실 시간조차 아까워하며 피곤해서 쉬고 싶어도 참고 잠시도 쉬지 않고 달려가는지도 모릅니다. 세상의 그 무엇을 위해 목마르게 달려가고 있는가 우리는 자문해야 합니다. 그리고 그런 우리 자신에게 브레이크를 걸고, 몸과 마음을 주께로 향하며 때로 쉴 때는 쉬어 주어야 합니다.

우리가 진정으로 소유하고자 욕심을 내야 할 땅은 주님께서 심령이 온유한 자가 차지하게 될 거라고 약속하신 그 영적인 필드, 그 영원한 나라 천국이죠. 이 세상의 좋은 땅을 차지하려는 부동산 투기는 버블을 가져오고 다른 이에게 해를 입히지만, 천국에 대한 투기라면 천국부동산중개소인 교회에서 얼마든지 조장해도 탈이 안 날 겁니다. 이 세상에서 심령의 온유함의 권세로 다스리는 영역은 얼마나 되시고, 훗날 천국에서 얻을 땅에 대한 준비는 얼마나 되셨는지요?

> "그러나 온유한 자들은 땅을
> 차지하며 풍성한 화평으로 즐거워하리로다
> 시편37:11 "

한 가지 부족한 것

동남아시아에 가면 원숭이들이 많은데요. 이 원숭이들은 관광객이 던져주는 먹이를 두고 서로 다투는 것도 모자라 먹이를 구하러 사람의 집까지 드나들 정도로 간이 큽니다. 이 원숭이를 잡으려면 입구가 손 하나 겨우 들어갈 정도로 잘록하고 배는 불룩한 조롱박을 매달아 놓고 원숭이가 좋아하는 바나나, 땅콩 같은 것을 약 올리듯 먹다가 남겨서 원숭이가 보는 앞에서 먹던 것을 그 속에 넣고 갑니다. 원숭이들은 뺏어 먹을 기회를 노리고 있다가 사람들이 사라지면 얼른 다가가 조롱박에 손을 집어넣습니다. 하지만 음식을 꼭 쥐고 있기 때문에 손이 잘 빠지지 않습니다. 이때 망을 던져 간단히 잡는다고 해요.

원숭이는 한번 잡으면 놓으려 하지 않는 습성이 있어 계속 빼내려고 하다가 나중에는 손에 쥔 것을 놓고 빼려 해도 손이 퉁퉁 부어 빠지지 않는 지경에 이른다네요. 자유와 바나나를 동시에 가질 수는 없죠. 손에 움켜쥐고 있는 동안 그는 잡힐 수밖에 없고 결국 평생을 속박의 굴레 속에서 보내든지 죽든지 하게 됩니다.

이것만 있으면 행복해질 것 같아서 집착하고, 결정적인 순간에도 꼭 붙든 채 놓지 못하는 그 무엇이 있으십니까. 우리는 결코 그것과 하나님을 겸하여 섬길 수 없습니다. 내가 그것을 잡은 게 아니라 그것이 나를 잡아, 내가 현재 갖고 있는 것마저 다 잃어버리게 될 수도 있습니다. 어쩌면 있는 힘을 다해 두 손에 움켜쥐어도 한 움큼밖에 쥐지 못하는 우리 인생, 정작 잡아야 할 주님의 손을 못 잡고, 영원하지 못한 이 땅에서 영원하지 못할 것들을 움켜쥔 채 허무하게 인생을 마감하게 될 수도 있지요.

한 청년이 있었습니다. 그는 평생 모든 계명을 다 지켜 왔다며 예수님께 나아와 칭찬받기를 원했지만 주님은 그것이 착각임을 일깨워 주셨습니다. 그가 손에 돈을 움켜쥐고 놓으려 하지 않았기에 주님께서 '네 가진 것을 팔아 가난한 자들을 구제하라 그리하면 하늘에서 보화가 있을 것'이라고 말씀하시자 청년은 재물이 아까워 그만 자신이 그토록 얻기를 원하던 영생을 포기하고 돌아갔습니다. 다 나눠주고 빈털터리가 되라는 말씀은 결코 아니었죠. 주님은 그 청년이 진정 돈 주고서도 살 수 없는 그 영생을 얻고자 하는 마음이 물질에 대한 애착보다 더 강한지를 확인해 보고 싶었는지도 모릅니다. 네가 신으로 삼고 있는 돈은 진정한 신이 아니니 돈을 움켜쥐고 살지 말라. 네가 이웃사랑의 율법을 다 지켰다면 어떻게 주변에 이리도 가난한 사람들이 많은데 네 재산이 그대로 있을 수 있느냐 하는 말씀인 것이죠. 주님이 말씀하신 대로 사랑이 가장 큰 계명이고 율법의 완성이라면 사랑하지 않는 것은 가장 큰 죄가 되는 것이요 율법을 어기는 것이 됩니다. 그러니까 계명을 다 지켰다고 자부한 그 청년은 사실은 하나도 지키지 못한 것입니다.

그 청년처럼 이 정도면 신앙생활 잘 하고 있다고 자만하지는 않으신지요? 우리에게도 주님을 따르는 데 장애가 되는, 그 '한 가지 부족한 것'이 있을 수 있습니다. 그런데 실은 한 가지 부족한 것이 모든 것이고 가장 본질적이고 중요한 것일 수 있습니다.

인구 센서스

인구센서스는 인구 동향 등을 파악하기 위해 국가가 전 국민을 대상으로 5년마다 한 번씩 실시하는 통계조사를 이릅니다. 고대 로마제국에서 시민 등록과 시세 조사를 담당하는 관리를 센소르 censor 라고 했는데 거기서 '센서스 cencus, 총조사'라는 단어가 유래했다고 합니다.

인구조사는 B.C. 3600년 이전부터 고대 바빌로니아에서, B.C. 3000년 무렵 이집트와 중국에서 실시되었다는 기록이 있습니다. 군대 징집, 세금징수, 성벽쌓기 등을 위해서 남자 수를 센 거죠. 구약 성경에도 모세와 다윗이 인구 조사를 수행한 장면이 나옵니다. 모세는 레위족속을 제외하고 총 60만 3,550명의 동원 가능한 남자가 있음을 파악합니다. 이스라엘 백성이 광야에서 질서정연하게 행진하고, 지파별로 제사를 드리며, 가나안땅에 들어가 이방족속을 몰아내기 위해서였죠. 다윗도 인구조사를 시행해서 군대에 동원할 수 있는 남자가 총 130만 명이라는 것을 조사했습니다. 국력을 과시하고 군사력을 확장하려는 의도에서였죠. 우리나라도 신라 '촌락장적', 고려와 조선의 '호구단자'라는 문서를 보면 오래 전부터 인구조사를 실시해 가용 노동력과 잠재적 군사력을 가늠하고 정치, 경제의 중요한 자료로 삼았다는 것을 알 수 있습니다. 일제 강점기에도 물론 과세와 징병, 징용 등 통치 자료로 쓰려고 간이국세조사라는 인구조사를 했지요.

인구 조사는 주택수, 가족관계, 성별, 학력, 연령, 직업, 집에 방과 화장실 개수 등 구체적인 통계를 기초자료로 해서 여러 현상을 종합적으로 분석한 다음, 교육정책이나 고용정책, 교통대책, 경제계획, 도시계획, 복지정책, 주택정책 등 다양한 국가정책을 수립하기 위해서 하는 것입니다. 정부만 아니라 민간기

업도 마케팅과 시장조사를 통한 통계자료에 기반해 무엇을 더 생산하고 어디에 더 투자를 해야 할지를 합리적으로 판단하죠.

통계는 수치보다 그 의미 해석이 더 중요합니다. 숫자를 통해 집단의 규모, 변화의 추이, 변화의 의미, 집단 간의 차이 등을 파악하며, 사회를 조망하고, 지금까지의 통계 변화를 통해 앞으로의 변화를 예측하고 대처할 수도 있습니다. 우리 개인도 여러 영역에서 자신의 통계를 내 본다면 의미 있는 변화의 양상을 살펴볼 수 있을 것입니다.

하나님도 우리들에 대해 통계를 내고 계십니다. 우리의 머리털까지 다 세신다고 말씀하신 분이 무엇은 못 세시겠습니까? "나의 이적을 보고도 이같이 열 번이나 나를 시험하고"라는 말씀을 보면 우리가 하나님의 말을 안 들은 것이 몇 번째인지도 세고 계세요. 주님은 우리의 나그네삶과 눈물의 양까지 세고 계시고, 순교자의 수도 헤아리고 계십니다. 각각 재능대로 종들에게 금 다섯 달란트, 두 달란트, 한 달란트를 맡겼다가 나중에 돌아왔을 때 얼마를 남겼는지 결산하기도 하시죠.

우리 생이 다하고 그 분 앞에 서는 날, 하나님은 분명히 우리에 관한 모든 통계자료를 들고 계실 것입니다. 심판하시기 위함이 아니라 우리에게 영원한 복을 주시기 위해서지요. 하나님의 통계를 늘 염두에 두면서, 선하고 충성된 마음으로 살았으면 좋겠습니다.

개구리 시야와 하나님의 시야

어느 산골의 우물 안에 페페, 필라, 페트라, 푸투라고 하는 개구리 네 마리가 행복하게 살고 있었어요. 그들은 우물에서 바라본 밝고 푸르고 둥근 하늘이 세상의 전부인 줄로 알았죠. 어느 날 페페가 혼자 우물 벽을 기어올랐는데 세상이 눈이 아플 정도로 밝은 것이었습니다. 깜짝 놀란 페페가 돌아와 꼭대기에 가면 크고 환한 빛을 볼 수 있다고 말했지만 아무도 믿지 않았습니다. 페페의 간절한 권유로 필라가 여러 번의 도전 끝에 꼭대기에 올라섰을 때 사방은 어둑하고 앞뒤를 분간하기도 어려웠습니다. 필라는 피곤하여 잠이 들었다가 한밤중에 눈을 떴는데 그때 부드럽고 밝고 둥그런 것이 눈에 들어왔습니다. 우물로 돌아온 필라에게 페페가 "너도 그 환하고 강렬한 빛을 보았지?" 하고 흥분해서 묻자 "아냐, 크고 둥글고 곱고 부드러웠어."라고 대답했습니다. 둘의 끝없는 논쟁에 질린 페트라가 다 함께 올라가서 확인해 보자고 제안했습니다. 소극적인 푸투만 남고 세 마리가 새벽 일찍이 우물 벽을 기어오르기 시작했습니다. 그들이 온갖 어려움을 이기고 간신히 우물 턱 위로 뛰어올랐을 때, 해가 서쪽 지평선 위로 넘어가면서 붉게 빛나고 있었습니다. 처음으로 일몰을 보게 된 개구리들은 황홀경에 빠졌습니다. 밤을 꼬박 새우며 밤하늘을 본 개구리들은 새벽이 되자 빛나는 아침 해가 떠오르는 것을 볼 수 있었습니다. 사방에 나무들과 꽃들이 우거져 있고 아름다운 꽃 위로 나비들이 날고 있었습니다. 개구리들은 자신들이 살았던 우물보다 더 넓고 복잡한 새로운 세계가 무한하게 펼쳐져 있다는 것을 알게 되었습니다. 페트라가 "우리가 여기까지 올라오기를 참 잘했어. 푸투도 같이 있었으면 참 좋았을 텐데……."라고 말했습니다.

우물 안에 있는 개구리는 결코 세상을 다 볼 수 없습니다. 하지만 개구리가 우물 밖으로 나왔다고 해서 세상을 다 볼 수 있는 것도 아니죠. 개구리의 시야는 여전히 한계가 있습니다. 인간 역시 우물 안 개구리처럼 우리가 감각으로 인식할 수 있는 영역이 제한되어 있습니다. 안국선의 〈금수회의록〉에 '정와어해 井蛙語海'라는 말이 나오는데요. 우물 안 개구리가 자신이 알지도 못하는 바다를 논한다는 말입니다. 우리도 '우물안개구리'처럼 부분적으로만 맞는 사실을 가지고 마치 전부가 그런 것처럼 곡해하고, 어떤 사물이나 현상의 일면만을 보고 전체로, 진리로 인식하는 경우가 얼마나 많은지요.

'조감도'란 새가 하늘에서 내려다보듯 위에서 본 대로 표현한 그림이고, '앙시도'란 벌레의 눈으로 올려다 본 대로 표현한 그림입니다. 벌레보다야 새의 눈이 좀 더 낫겠지만 하나님의 눈만이야 하겠습니까. 전부를, 그 내면까지 볼 수 있는 분은 오직 하나님 한 분이십니다. 우리는 근시안적이고 생의 한 치 앞도 제대로 보지 못하고, 현상과 부분만 보고, 한 때에 어느 한 곳밖에는 보지 못하고 조금밖에는 볼 수 없지만, 그 분은 저 위에서, 영으로 보시기 때문에 우리의 실상, 전후좌우, 미래까지 단번에 다 내다보실 수 있습니다. 더러 이해할 수 없더라도, 각처에서 온 우주를 살피시는 입체적인 눈을 가진 하나님의 너른 시야를 신뢰하며 잠잠히 나아갈 때 우리의 인식과 판단을 넘어서는 그분의 크신 은혜를 다시 한번 깨닫게 될 것입니다.

카메라 렌즈 중 광각렌즈 wide angle lens, 廣角 - 라는 것이 있는데요. 표준 렌즈에 비해 넓은 화각을 제공하기 때문에 사람은 작아지고 피사체 주위의 배경을 더 넓게 포착할 수 있습니다. 비록 우리의 시야는 좁지만 하나님의 너른 시야를 닮은 영적 광각렌즈를 착용하고 생의 전체적인 큰 그림을 볼 수 있다면 비록 지금의 현실이 고통스럽다 해도 원망 없이 곧 다가올 하나님의 은혜와 축복을 잠잠히 기다릴 수 있게 될 것입니다.

과정과 결과

일본이 임진왜란을 일으켜 많은 물건을 약탈해 갔는데요, 특히 도자기를 많이 약탈해 갔다고 합니다. 일본은 우리나라 도자기의 기술을 따라잡기 위해 갖은 노력을 했는데, 이를 위해 우리 도공들을 잡아가고 우리나라에서 나온 유명한 도자기를 무수히 빼앗아 갔습니다. 처음에는 우리 도자기를 철저하게 분석하는 데 초점을 두었다고 합니다. 도자기를 놓고 문양이나 색깔을 면밀하게 살펴보기도 하고, 깨어서 그 성분을 철저하게 분석해 보기도 했습니다. 그러나 좀처럼 우리 도자기의 신비를 밝힐 수가 없었습니다. 그래서 이번에는 다른 방법을 썼습니다. 만들어진 도자기를 분석하지 않고, 그 도자기를 만드는 과정을 살펴보려고 했던 것입니다. 그래서 이번에는 우리 도공들을 잡아가서 일일이 분석하고 종합하는 시도를 했습니다. 그제야 어느 정도 우리 도자기의 비밀을 밝힐 수 있었다고 합니다.

이것은 과정을 강조한 일화인데요. 과정과 결과 중 어느 게 더 중요하다고 생각하세요? 저는 과정이 더 중요하다고 생각해요. 결과를 중시하다 보면 과정을 무시하고 수단방법을 가리지 않고 결과에 도달하려고 하기 쉬운데 그 수단이라는 것이 비윤리적일 수 있습니다. 과정에 충실하다 보면 그에 상응하는 결과가 자연히 따라오게 되어 있어요. 설혹 원하는 바를 얻지 못했다 할지라도 그 과정에서 얻어지는 것이 많아 과정 자체가 오히려 결과보다 나은 상급일 수 있습니다. 주님은 우리의 성공의 경험뿐 아니라 실패의 경험과 환경과 지식을 들어 사용하시기 때문에 주님 앞에서는 그 어떤 것도 무익한 것이 없습니다. 사람은 누구나 되어져 가는 과정 중에 있는 존재입니다. 오늘도 우리는 하나의 과정을 만들면서 더 나은 결과를 향해 나아가고 있습니다. 주님은 우리의 되어져 가는 과정 자체를 기뻐하시고 그 자체를 향기로운 예물로 받으시지 가시적인 결과를 요구하시지 않습니다.

선수가 메달을 받았더라도 반칙행위가 알려지면 메달을 반납해야 하고, 부정한 방법으로 시험에 합격했어도 무효처리되고, 성공한 쿠데타라도 역사의 평가를 피해 갈 수는 없습니다. 무엇보다도 결과는 과정을 다 말해주지 못합니다. 또 결과는 조작이 가능하기도 하지요. 시대의 흐름을 보더라도 과거에는 결과중심이었지만 지금은 과정중심이 대세라서 교육과정도, 평가도 그렇게 가고 있습니다. 과정을 알면 그 학생에게 더욱 적합하고 올바른 지도를 할 수 있다고 봅니다.

하나님도 과정을 더 중시하시는 것 같습니다. '창기의 번 돈과 개 같은 자의 소득'은 헌금으로 드리지 말라고 말씀합니다. 또 주님은 부자의 많은 헌금보다는 과부의 동전 두 닢이 더 크다고 칭찬하셨습니다. 주님은 솔로몬의 화려한 '성전'보다 다윗의 초라한 '처소'를 더 사랑하셨습니다.

달란트 비유에도 칭찬을 받은 종과 꾸중을 들은 종의 차이점은 결과가 아니라 과정에서 최선을 다하지 않았다는 점입니다. 최선의 삶이란 지극히 작은 것이라도 내게 있는 것을 귀하게 여기고 그것으로 충성하는 삶입니다. 만약 그 종이 한 달란트를 가지고 나가서 주인의 뜻을 따라 열심히 장사를 시작했는데 그만 손해를 입었다면 주인은 결과만을 보고 그 종을 나무라지 않고 오히려 격려해 주면서 다음 기회를 주지 않았을까요?

구제역

구제역은 제1종 가축전염병으로 우제류 포유동물에서 나타나는 전염성 질환입니다. 이탈리아 북부 베로나의 한 수도승이 1514년에 '소가 침을 흘리고 수포가 생겼다.'라는 기록을 남긴 바가 있고, 과학자에 의해 확인된 것은 1898년입니다. 짐승의 입과 발굽에 생기는 역병, 발과 입병, 한자로는 입 구 口, 발굽 제 蹄, 영어로는 foot and mouth disease입니다. 공기감염이라 확산이 빠르고 치사율은 55%에 달합니다. 1세기가 넘는 퇴치노력에도 불구하고 구제역은 오늘날 최소 6억 명에 이르는 전 세계 축산업자들이 가장 두려워하는 존재가 되었습니다.

구제역 바이러스를 박멸하고 확산을 막는 확실한 방법은 농장 반경 500미터에 있는 모든 소 돼지들을 살처분하고 주변을 소독하는 것입니다. 예방백신을 하면 구제역 청정국을 유지할 수 없기 때문에, 경제 논리로만 접근하다보니 무자비하게 살처분하는 것입니다.

사람들은 구제역 확산의 원인으로 해외여행 후 방역당국 미신고, 축사 위생관리 소홀, 농장주들의 안전불감증과 도덕적 해이, 사전예방시스템 부재 등을 듭니다. 하지만 저비용대량생산, 고효율, 대량소비로 상징되는 식량생산시스템과 인간의 탐욕이 더 문제예요. 사람들이 가축을 더 크고 빠르게 키우기 위해 호르몬과 항생제를 투여해 가면서 가축 밀집 사육시설에서 집중 사육하다보니 저항력이 약해져 병에 더 잘 걸리게 되는 거죠.

한낱 1mm의 4만분의 1크기밖에 안 되는 그 작은 구제역 바이러스한테 속수무책으로 당하기만 하는 인간이 한없이 무력하게 느껴집니다. 명색이 첨단 생명과학시대인데 우리가 신처럼 떠받드는 과학도 이런 문제를 해결해 주지 못합니다. 과연 해결책을 어디서 찾아야 할까요?

가축이 인간의 먹이가 된다는 점에서 이는 곧 인간을 겨냥한 하나님의 메시지일 수 있습니다. 고기를 탐하는 인간의 탐욕에 대한 징계일 수도 있겠죠. 인간 때문에 죄 없는 가축이 수난을 당하는 셈입니다. 솔로몬도 여호사밧도 농사와 축산에 임한 재앙의 원인을 인간의 범죄에서 찾고 있습니다. 전염병을 유행시키시는 분은 하나님입니다. 출애굽 과정에서 다섯 번째 재앙이 가축의 죽음이었는데요. 이스라엘 백성의 가축은 하나도 죽지 않았죠. 하나님이 작정하시면 보호해 주실 수도 있는 것입니다. "니느웨에는 좌우를 분변치 못하는 자가 십이만 명이요 육축도 많이 있나니 내가 아끼는 것이 어찌 합당치 아니하냐?"고 말씀하시는 것으로 보아 하나님은 가축들도 사랑하십니다. 주님은 "아버지께서 허락지 아니하시면 참새 하나라도 땅에 떨어지지 않는다. 그분 앞에는 그 하나도 잊어버리시는 바 되지 않는다"라고 말씀합니다. 참새 한 마리의 죽음을 기억하시는 하나님이 오늘날 구제역으로 300만 마리 이상이 억울한 떼죽음을 당할 때 모르실 리가 있겠습니까.

구제역 문제를 해결하는 성경적인 방법은 인간의 겸비함입니다. 시편기자는 "내 마음을 주의 증거로 향하게 하시고 탐욕으로 향치 말게 하소서"라고 기도합니다. 탐욕에서 돌이켜 하나님의 얼굴을 구해야 합니다. 병을 유행시키시는 분도 치료하시는 분도 하나님이십니다.

"혹 내가 전염병이 유행하게 할 때에 내 백성이 그들의 악한 길에서
떠나 스스로 낮추고 기도하여 내 얼굴을 찾으면 내가 하늘에서 듣고
그들의 죄를 사하고 그들의 땅을 고칠지라 역대하7:14"

눈과 물과 얼음

흐드러진 복사꽃이 바람결에 휘날리듯 눈꽃잎들이 흩날립니다. 하늘 끝에서부터 먼 여행을 마친 눈송이들은 산과 들판 위로, 벗은 나무 가지 위로, 지붕 위로 차곡차곡 쌓입니다. 그 품에 눈을 가득 받아 안은 세상은 새하얀 변신에 일제히 탄성을 지릅니다. 칙칙하던 현실을 꿈의 세계로 만들어 주는 눈은 필경 하늘의 은총입니다.

아무리 순결한 모습으로 남아 있고 싶어도 눈은 기온이 오르면 녹아 버립니다. 하늘에서 흰 모습으로 이 땅에 내려온 저 눈들은 여러 모습으로 바뀌면서 한동안 이 세상 곳곳을 여행하게 될 것입니다. 그러고는 슬픔과 기쁨과 사랑의 추억들을 간직한 채, 모든 무거운 것과 더러운 것을 벗고 아주 가벼워지는 날, 드디어 왔던 곳으로 되돌아갈 것입니다. 맑아지고 가벼워질수록 더욱 흰 물방울이 되어 가장 높은 곳까지 두둥실 올라갈 것입니다. 우리는 어딘지 저 눈과 닮았습니다. 순백의 눈은 세상을 살아가면서 우리가 추구해야 할 것이 무엇인지를 소리 없이 말해줍니다.

눈과 물과 얼음에는 오묘한 하나님의 섭리가 숨어 있습니다. 물은 영하의 추위를 만나면 성분은 같지만 모양은 달라져 얼음이 됩니다. 얼음 두께가 10센티만 되어도 수백 명을 지탱한대요. 얼음 아래에 가득찬 물이 얼음을 튼튼하게 받쳐주기 때문이죠. 기온이 떨어져 물 표면이 얼어붙으면 그 얼음이 물 위에 떠서 찬 공기를 차단해 주어 아무리 추운 날씨에도 물고기들이 얼음의 보호 아래 살 수 있게 됩니다.

일반 물질은 대기가 더우면 늘어나고 차가우면 줄어드는데요. 물은 4℃이하에서 도리어 팽창하기 때문에 얼음이 되면 부풀어 올라 질량은 같아도 부피가 늘어나고 밀도가 낮아져 가벼워져 물에 뜨는 거예요. 만약 얼음이 물보다 무거워 물에 가라앉는다면 물고기들이 다 압사당하거나 얼어 죽겠죠. 남극과 북극의 거대한 빙하들이 물속에 가라 앉아 해수면이 높아져 땅이 물에 잠기겠고요. 해수의 표층수는 온도와 밀도 차이로 하강하거나 심해층대의 해류가 표면으로 용승하는 거대한 심층대순환을 하는데, 만약 얼음이 심층에 쌓여 있으면 표층수와 심층수 간의 순환이 이루어지지 않아 따뜻한 해류와 추운 해류가 잘 섞이지 않게 되고, 지구의 온도가 극한으로 치달아 인간을 포함한 모든 생물이 살아가기 어려운 환경이 되고 말 것입니다.

이수익 시인은 〈결빙의 아버지〉라는 시에서 한강교 아래의 얼음장을 보면서 어린 시절 추위에 떨던 자기를 품에 안고 재워주시던 그 겨울밤의 아버지를 떠올립니다. 부드럽고 여린 물살은 무사히 흘러 바다로 가라고 아버지가 꽝꽝 얼어붙은 잔등으로 혹한을 막으며 하얗게 얼음으로 화신해 엎드려 있는 것이라면서 아버지를 그리워합니다.

우리 영혼의 아버지이신 하나님도 우리를 보호하기 위해 눈과 물과 얼음과 우박창고를 섬세하게 관리해 주세요. 하나님은 욥에게 "네가 눈 곳간에 들어갔었느냐 우박 창고를 보았느냐"고 물으십니다. 하나님은 노아의 대홍수 때 하늘의 창을 열고 물 창고에서 물을 꺼내 쓰셨고, 모세와 바로와의 대결에서 우박을 사용하셨으며, 여호수아와 아모리 족속과의 전투에서도 우박을 보내셔서 이기게 하셨습니다. 그러니 우리 인생에 물폭탄, 눈폭탄, 우박폭탄 안 맞으려면 하나님께 유순해져야 하겠습니다.

일만 시간의 법칙

신경과학자인 다니엘 레비틴은 어느 분야에서든 세계 수준의 전문가, 마스터 가 되려면 1만 시간의 연습이 필요하다는 연구결과를 내놓았는데요. 1만 시간 은 하루에 세 시간, 일주일에 스무 시간씩 10년간 연습한 것입니다.

공립학교 음악교사가 꿈인 학생들에게 연습시간을 질문했는데요. 5–6살에 처음 바이올린을 집어든 순간부터 초기 몇 년간은 연습량이 비슷하지만 점차 격차를 보여 20세에 엘리트는 1만 시간, 그냥 잘하는 학생은 8천 시간, 미래의 음악교사는 4천 시간을 연습하는 것으로 나타났다고 합니다.

아마추어 피아니스트와 프로 피아니스트의 연습시간을 비교해 보았더니 아 마추어는 일주일에 세 시간 이상은 연습을 하지 않아서 스무 살이 되었을 때 2,000시간, 프로는 연습시간을 점차 늘려가 1만 시간에 달했다고 합니다.

진정한 전문가가 되기 위해 필요한 매직넘버는 1만 시간이 되는 셈이지요. 어 느 분야든 이보다 적은 시간을 연습해 세계수준의 전문가가 탄생한 경우를 보 기는 어려울 것입니다. 아마 우리 두뇌는 진정한 숙련의 경지에 접어들기까지 그 정도의 시간을 요구하는지도 모릅니다. 하지만 중요한 것은 시간의 양이 아 니라 질이겠지요. 많이 한다는 것이 곧 잘한다는 것을 의미하지는 않으니까요.

스포츠 영웅으로 떠오른 운동선수들이 그 경지에 오르기까지는 무수한 연습 을 통해 그렇게 되었을 것입니다. 피겨 퀸 김연아 선수의 연습시간과 점프 성 공률을 감안해 계산해 본 결과, 1년에 1,800번이나 빙상에서 엉덩방아를 찧으 면서 연습했다고 하는데요. 어느 한 분야에 성공하기 위해서 육체의 연습에도 1만 시간의 반복연습이 필요하다고 한다면 우리가 하나님의 나라에 들어가기 위해 영혼의 경건연습에는 얼마큼의 시간을 투자해야 할지를 생각해 보게 되네요. 인간처럼 더디 되는 존재는 없으니까요.

"오직 경건에 이르기를 연습하라
육체의 연습은 약간의 유익이 있으나
경건은 범사에 유익하니
금생과 내생에 약속이 있느니라
디모데전서4:7-8"

마태복음효과

미국의 사회학자 로버트 K. 머턴은 "무릇 있는 자는 받아 넉넉하게 되되 무릇 없는 자는 그 있는 것도 빼앗기리라"는 마태복음의 25장 29절에 착안해 '마태복음효과 Matthew effect'를 처음으로 제기했는데요. '누적 이득 효과', '승자 효과', '부익부빈익빈 현상'이라고나 할까요? 어떠한 개체나 집단 또는 지역이 일정한 부문에서 앞서면 강점이 쌓여 더욱 크게 성공하고 발전할 더 많은 기회를 얻게 된다는 것이죠.

이해를 돕기 위해 캐나다 하키선수들의 출생통계를 제시해 볼게요. 선수들이 거의 1월생인데요. '오뉴월 하룻빛'이라는 말처럼 먼저 태어나면 덩치가 크게 마련이죠. 처음부터 하키 능력을 갖고 태어난 것은 아닌데도 이런 아이가 선수로 선발돼 집중훈련을 받게 되면 성취감, 용기 등이 일종의 패턴이 되어 실질적인 능력차이로 고착된다는 것이죠.

독서도 마찬가지예요. 어휘력과 배경지식이 쌓인 학생은 점점 더 빨리 읽고 많이 읽게 되죠? 그 외에도 학습, 소득, 지식, 교육, 정보, 영어 등의 격차, 인간관계의 폭, 마케팅에서 선점기업의 시장독점, 인터넷 대형 포털 사이트들의 지배적 위치 등 다양하게 적용되지요.

흔히들 성공은 개인의 재능과 의지에서 연유한다고 생각하는데 이런 것을 보면 환경조건이 '성공'에 결정적인 영향을 미치는 요인이 되는 것 같습니다.

출발점의 차이가 평생 지속된다고 보면 유복한 환경의 혜택을 받지 못한 나머지 사람들은 성공의 기회를 영영 부여받지 못하는 것일까요? 이는 성공의 개념정의가 어떻게 되느냐가 문제라고 봅니다. 어차피 세상은 20:80이라는 파레토의 법칙이 지배적이니까요. 도저히 따라갈 수 없는 상위 계층은 어디고 존재하게 마련입니다. 세상에서의 성공의 기준을 따라가자면 나머지 사람들은 실패자일 수밖에 없는 것이죠.

언뜻 보면 마태복음 효과는 하나님의 나라에도 적용되는 것 같습니다. 영적인 부익부빈익빈 현상이죠. 기도를 많이 할수록 하나님을 많이 경험할수록 그의 믿음은 더욱 견고해져 갈 것입니다. 큰 믿음은 더 큰 일을 하겠고요.

그러나 하나님의 나라와 세상 나라에서 근본적인 차이는 이러한 원리 자체가 역전될 수 있다는 것에 있습니다. 세상 나라에서 주효했던 기득권이란 하나님 나라에서 통용되지 않습니다. '영적 역전의 법칙'이라고나 할까요? 진정한 성공은 하나님과의 관계 속에서 재정의되어야 할 것입니다.

"먼저 된 자가 나중 되고 나중 된 자로서 먼저 될 자가 많으니라 마태복음19:30"

인생에서 가장 사치스러운 계획

일본에서는 섣달 그믐날 밤에 해넘기기 우동을 먹은 후 제야의 종소리를 들으며 신사에 참배를 가는 풍습이 있습니다. 일 년 중 가장 바쁜 날, 종업원들도 보내고 문을 닫으려 할 즈음, 한 아주머니가 머뭇거리며 우동 1인분을 주문합니다. 뒤에는 아이 둘이서 걱정스러운 눈빛으로 서 있습니다. 주인은 눈치 채지 못하게 우동 반 덩어리를 더 넣어 푸짐하게 삶아 내놓습니다. 세 사람이 이마를 맞대고 우동 한 그릇을 맛있게 먹고는 150엔을 내고 나갑니다. 그 다음해에도 그들이 찾아와 우동 1인분을 시킵니다. 여주인이 3인분을 주자고 하자 남주인은 도리어 거북하게 여길 것이라면서 반 덩이를 더 넣어 삶아 냅니다.

이듬해는 우동 값이 200엔이 되었지만 주인은 세 모자가 올 시간에 맞추어 메뉴를 150엔으로 바꾸고 2번 테이블에 예약석이라는 팻말을 놓습니다. 올해는 형이 중학교에 들어간 듯 교복을 입었고 아이들도 많이 자랐는데 엄마는 여전히 낡은 체크무늬 반코트입니다. 2인분을 시키자 주인은 3인분의 우동을 끓여냅니다. 아빠가 교통사고로 돌아가시고, 형이 신문배달을 하고 동생이 장보기와 저녁식사 준비를 해 주어서 안심하고 회사일을 할 수 있었다면서 엄마가 감사의 말을 했습니다. 동생의 〈우동 한 그릇〉이라는 작문이 전국 콩쿠르에 입상했습니다. 세 사람이 1인분의 우동을 시켰음에도 기꺼이 만들어 주고는 "고맙습니다. 새해복 많이 받으세요."라고 인사했을 때 "지지 마라, 힘내, 살아갈 수 있어!"라고 말하는 기분이 들었다는 것입니다. 동생은 어른이 되면 손님에게 "힘내라. 행복해라"하는 마음을 감추고 "고맙습니다."라고 말할 수 있는 일본 제일의 우동집 주인이 되고 싶은 게 꿈이라고 썼습니다. 엄마 대신 수업참관을 간 형은 동생이 작문을 읽을 때 부끄러웠으나 그것을 부끄럽게 생각하는 그 마음이 더 부끄러운 것임을 깨닫고 한 그릇을 시켜 주신 어머니의 용기에 감사하며 형제가 힘을 합쳐 어머니를 보살펴 드릴 것을 다짐합니다.

이후로 세 모자는 찾아오지 않습니다. 북해정이 번창하여 리모델링을 했지만 주인은 그 테이블만은 남겨 두고 해마다 예약석 팻말을 놓고 기다립니다. 그 테이블은 '행복의 테이블'로 불리면서 인기를 불러일으킵니다. 14년 후, 정장 차림의 청년 두 명과 화복 차림의 부인이 들어섭니다. 아들들은 장성하여 의사가 되고 은행원이 되었습니다. 그들은 지금까지의 인생 가운데 가장 사치스러운 계획을 세웠는데 그것은 북해정에 찾아가 3인분의 우동을 시키는 것이었습니다.

따끈한 우동 한 그릇, 따뜻한 아랫목이 그리운 계절입니다. 날씨가 추울수록, 세상살이가 고될수록, 세상을 훈훈하게 하고 덜 힘들게 하는 것은 우동보다 더 푸짐하고 따끈한 북해정 주인의 마음이 아닐까, 세 모자가 지녔던 가족애가 아닐까 하는 생각을 해 보게 되네요. 아무리 추워도 따뜻한 곳에 있다가 나가면 견디기가 쉽고, 따끈한 국물을 마시면 어느 정도는 추위를 이길 수 있듯이 개인이든 집단이든 따뜻한 아랫목 같고 따끈한 국물 같으면 좋겠습니다. 특별히 신앙인이라면, 교회라면 더욱 그래야 하겠지요. 사회 조직이 커질수록 시스템화하는데, 대개의 시스템은 차갑고 기계적이고 비인간적입니다. 하지만 시스템도 인간적일 수 있고 따뜻할 수 있어요. 이 시스템의 온도에 따라 우리가 속한 공동체가 변할 것입니다. 북해정처럼 약자에 대한 배려가 있는 교회, 북해정 주인처럼 약자에 대한 배려를 할 줄 아는 리더라면 심리적 추위에 떨고 있는 많은 사람들이 서로 따스한 사랑을 나눌 수 있는 따끈한 우동을 제공해 줄 수 있을 것입니다. 북해정이 번창해 리모델링을 한 후에도 여전히 세 모자를 위한 테이블이 준비되어 있었던 것처럼, 교회가 커져도 그 마음을 잃어서는 안 되겠지요. 주님은 큰 교회보다 사랑이 많은 교회를 원하실 테니까요.

안도현의 〈너에게 묻는다〉라는 시 읽어드리면서 마치겠습니다.

연탄재 함부로 차지마라
너는 누구에게 한번이라도
따뜻한 사람이었느냐?

극동방송 참좋은내친구 생활묵상에세이집

복 있는 사람은

오프닝
1. 새해 첫 달, 첫 마음
2. 현명한 만카
3. 경청
4. 신호비용
5. 나가수
6. 베어
7. 스프링벅
8. 윷놀이
9. 사회적 협력
10. 꽃이 잎보다 먼저 피는 이유
11. 민들레
12. 나무를 섬은 사람
13. 사순절
14. 장애인의 날
15. 신뢰

16. 사회적 지지
17. 깨진 유리창 이론
18. 심장이야기
19. 악마의 덫
20. 수박
21. 소망의 자기성취
22. 저축의 날
23. 진정한 위로
24. 그리스도의 대사
25. 단풍 드는 날
26. 추수감사절
27. 김장김치
28. 눈과 물과 얼음
29. 인생에서 가장 사치스러운 계획
30. 노세보효과

AUDIO CD

design**nanoom**

음성 낭독 | **심준구** 한국 장애인 최초 지상파 TV MC, 한국 시각장애인 최초 라디오 토크프로그램 단독 MC, KBS 3R 〈심준구의 세상보기〉,
FEBC극동방송 〈참좋은내친구〉 진행 이메일 jj1205@hsnwel.or.kr 휴대폰 010-5269-0740 녹음·기술 | **정명수** 프로듀서 | **이진형**
배경음악 | Quiet Time 정춘수, The Lord's Prayer (Anders Wihk) CCM POWER, 풍경 박수영 Vol 1, (사)로이사랑나눔회 희망방송 http://www.hmn.or.kr
영상팀 팀장 | **이진형** 이메일 mycupid@hanmail.net 제작 | **디자인나눔** http://www.designnanoom.com